管理学学术前沿书系

ZHONGQI YUSUAN KUANGJIAXIA YUSUAN
JIXIAO GUANLI GAIGEYANJIU

中期预算框架下预算绩效管理改革研究

刘天琦 著

经济日报出版社

前 言

党的十八届三中全会提出“要建立现代财政制度的目标”，现代政府预算制度是现代财政制度的基础。十九大报告提出“建立全面规范透明，标准科学、约束有力的预算制度”，全面实施预算绩效管理是推动实现现代预算制度的核心内容和重要手段。2018 年 9 月，中共中央、国务院印发了《关于全面实施预算绩效管理的意见》，围绕“全面”和“绩效”两个关键点，对预算绩效管理做出了重要部署，强调逐步建立以结果导向、强调成本效益、硬化责任约束的预算管理制度，建立“全方位、全过程、全覆盖”的预算绩效管理体系。通过构建预算绩效管理体系，实现绩效评价机制常态化，进一步推动提升政府行政效能和公共服务质量，对推进构建政府治理体系、完善国家治理体系和治理能力现代化起到不可替代的重要作用。

自 20 世纪 90 年代开始，我国在预算绩效管理的理论研究上取得了诸多成果。实践方面，先后探索开展在中央与地方层面的预算绩效管理改革的试点。地方层面，2001 年开始，率先在湖北、福建、北京等地开展了财政支出绩效评价的工作试点；中央层面，在行政、农业、经济建设、社会保障等公共支出领域的中央级部门逐步推开了项目支出绩效评价工作。针对具体项目支出开展的绩效评价，有效地提高了部分财政资金分配的合理性，提升了资金使用的效率，绩效理念也逐步开始渗透到中央和地方各级预算部门。2018 年，国务院《关于全面实施预算绩效管理的实施意见》的颁布，更是表明中国面向以结果为导向、绩效视角的预算管理制度改革实现战略化转型。

但是，也应看到，近年来，中国经济正面临国内外环境错综复杂的严峻考验，财政的可持续发展也面临诸多挑战，而当前预算绩效管理的实施主要以短期、年度预算为基础，短期推行的预算绩效管理有助于夯实预算绩效改革的制度保障、技术手段和组织人员等实践基础，提高短期财政支出效益，但是不利于财政资源跨年度的有效配置，且忽视了对中长期财政效益的预算绩效管理，影响了长期财政目标的实现，不利于财政的可持续发展。而中期预算框架是联结宏观经济计划与财政规划的主要手段，对于推进中期财政可持续发展、完善中长期预算绩效管理具有重要的作用，国外经验表明，实行中期预算能够弥补由于年度预算短期化导致的中长期财政利益分配难等一系列问题，是深化预算管理制度改革的重要举措，也是实现财政长远可持续发展的必然要求。可见，在当前我国经济增速下滑、财政收支矛盾加剧的背景下，有必要开展中期预算框架下的预算绩效管理的改革研究，以此提高中长期资源配置效率，实现财政的可持续发展。在这样的背景下，本文首先梳理了中期预算框架下预算绩效管理改革的国内外现状和相关理论，从分析中期预算与年度预算框架下预算绩效管理存在的区别与联系为切入点，探寻构建中期预算框架下预算绩效管理的必要性，并从构建的可行性与可操作性层面重点深入研究、分析，拟构建出现阶段可操作的中期预算框架下预算绩效管理的现实逻辑框架。同时，提出制约我国推进中期预算框架下预算绩效管理改革的现实障碍，并分析借鉴传统与现代模式相结合的发达国家的实践经验，从而提出针对中期预算框架下预算绩效管理的改革相关建议，以期为预算绩效管理改革的深入推进提供思路参考。

本研究共分为六个部分，第一部分为绪论。主要介绍了中期预算框架下预算绩效管理改革的研究背景与研究意义，梳理了国内外关于中期预算、预算绩效管理改革与两者协同推进的研究成果与评述，概述了本文的研究思路与研究方法，提出本文的研究内容、创新点与不足。

第二部分为概念界定与理论基础。介绍了年度预算、中期预算框架与预算绩效管理等概念，阐述了中期预算框架下预算绩效管理的理论基础，在此基础上分析了中期与年度框架下预算绩效管理的区别，梳理了构建中期预算框架下预算绩效管理改革的必要性，如提高政府治理效能和公共资源使用效益、优化财政支出顺序和保障重点项目、加强对潜在财政风险的认知与控制、提高预算绩效管理的程序性能，强化内部绩效控制等。

第三部分为现实考察。主要分析了我国中期预算改革的演变以及现状，梳理了预算绩效管理改革的发展背景、政策演变与现状；从中期预算与预算绩效管理的联系、不断完善的制度条件、各项改革的逐步深化、地方开展预算绩效管理的实践内容不断深化等角度，探讨了当前中期预算与预算绩效管理改革协同发展的可行性。

第四部分为问题分析。基于现实考察分析，从综合的中期预测、中长期的绩效目标管理、运行跟踪监控、评价、结果应用与反馈，及形成公开化的预算报告机制五个方面，拟构建中期预算框架下预算绩效管理改革的基本逻辑。结合逻辑，提出现行制度下中期预算框架下预算绩效管理改革的难点与问题。

第五部分为经验借鉴。选取 OECD 国家开展中期预算与绩效预算工作较为突出的英国、美国、澳大利亚、新西兰等国家做法，进行了梳理与分析。其中，英国作为中期预算改革的先驱者，是将中期预算与预算绩效管理结合较为完整的国家；美国作为新预算绩效改革的推动者，对中期预算与预算绩效管理的衔接推进也提供了有益经验探索；澳大利亚和新西兰作为中期预算与预算绩效管理改革“现代模式”的推动者，其开展的有益经验也受到 OECD 中的多个国家模仿与借鉴。

第六部分为对策建议。基于问题分析与经验借鉴，提出推进中期预算框架下预算绩效管理的原则、思路与对策建议。下一步建议从逐步推进预算绩效管理改革、促进中期预算与预算绩效管理的内容衔接、提高中期预算框架下的宏观经济与财政预测质量，健全科学、管理规范的预算管理程序，构建中期预算框架下预算绩效管理改革的配套机制五个方面进行改革优化。

关键词： 预算绩效管理 中期预算框架 年度预算 协同衔接

目　录

CONTENTS

第一章　绪论

1.1 研究背景与意义

1.1.1 研究背景

20 世纪 70 年代开始，受第二次世界大战叠加石油危机冲击，多数 OECD 国家陷入低增长困境。与此同时，各国政府在长期奉行凯恩斯主义，对社会福利、公共服务直接投入不断增加，经济的低增长又引发税收收入的减少，双重压力下导致公共财政赤字居高不下。因此，各国政府一方面面临削减开支的巨大压力，另一方面公众信任危机的扩大化，助长了要求重塑政府的改革呼声。为应对持久恶化的经济和财政业绩问题，政府重塑改革的浪潮在世界范围内掀起，尽管各国改革具体实践有所不同，但改革取向都基本侧重于引入私人部门竞争机制和管理办法，提升公共管理的灵活性和有效性。中期预算与预算绩效管理改革成为新公共管理改革的主要方式，通过构建中期预算框架，明确政府财政绩效评价与绩效评价标准的制定，以结果为导向，重视投入产出与效果，中期预算与预算绩效改革逐渐走进人们的视野。

中期预算与预算绩效管理改革作为新公共管理的核心内容，能够有效缓解财政赤字压力，提高政府资金使用效率，提升政府治理效能，已成为西方发达国家推进预算管理改革的两大主要趋势其中这一。从 20 世纪 90 年代开始，西方国家就开始逐步尝试将中期预算与预算绩效管理的结合，提出两者的协调配合能加强预算控制，显著提高各级政府的绩效水平，有效改善财政收支矛盾，实现财政的可持续发展[1]。

当前，我国经济增长进入阶段性下行、深度结构调整期，并呈现出增长速度换挡、结构调整阵痛、刺激政策消化产生的三期叠加效应，经济潜在增长率下降、社会民生诉求扩大，社会发展艰巨转型，财政收支矛盾日益加剧。第一，经济增速的换挡期，高速经济增长向中高速增长转变，力争将经济增速保持在一定合理区间；第二，结构调整阵痛期，调整经济结构，转变经济发展方式，牵一发而动全身，不可避免引发整个经济发展的阵痛；第三，是前期刺激经济政策的消化期，面临结构性、趋势性特征的问题产业，难以满足市场中长期需求和资源环境的承载能力，因此新旧动能转化需要一定的调整期消化改善积压矛盾。财政是国家治理的基础性支柱，亦是经济社会的综合反映。近年来受经济减税降费和经济发展增速换挡等影响，财政收入步入中低速增长，收入一定程度下降，又基于财政保改革、促发展任务要求，支出压力加大，财政收支矛盾进一步突出。

在此复杂新形势下，财政收入矛盾加剧、预算决策与财政支出和中期财政规划脱节、预算资金使用效率不高等现象日益严重，陷入收入增加、支出膨胀、分配难做、管理混乱的恶性循环，为我国预算管理带来巨大障碍与挑战，预算管理制度亟待完善。2014 年，国务院《关于深化预算管理制度改革的决定》指出，“实行中期财政规划管理”。2018 年党的十九大提出“全面实施绩效管理”；同年 9 月，国务院《关于全面实施预算绩效管理的实施意见》，都对当前完善现代预算管理制度提出了新的方向。开展中期财政规划，实行跨年度预算平衡机制；实施预算绩效管理，以财政绩效目标、支出责任绩效评价和结果运用为基本环节，以绩效指标与事业成本为衡量核心，建立的财政支出管理模式，在提高政府效率、提高财政资金使用效益与效果方面发挥了积极作用，同时，也为解决预算决策与财政支出、中期规划脱节提供了重要途径，弥补了“重投入”导向预算不足和资金分配混乱问题，提高了资金使用的有效性。

自 20 世纪 90 年代以来，我国就开始了中期预算与预算绩效管理方面的理论研究，并开展了相应的改革试点探索，两者的理论研究都取得了诸多成果。实践上，1998 年，我国首次开始制定国家五年财政发展规划，2008 年，河北省、河南省焦作市、安徽省芜湖县推开了中期预算改革试点，2014 年，中央层面提出“实行中期财政规划管理”。而预算绩效管理改革也在中央与地方层面先后展开，地方层面，2001 年开始，率先在湖北、福建、北京等地开展了财政支出绩效评价的工作试点[2]；中央层面，为配合政府绩效评价，在行政、农业、经济建设、社会保障等公共支出领域，中央级部门逐步推开了项目支出为主的绩效评价工作，这些措施有效地提高了财政资金分配的合理性，绩效理念开始逐步渗透到中央和地方各预算部门。2018年，《关于全面实施预算绩效管理的实施意见》的颁布，更是表明中国面向绩效视角的财政收支管理的战略性转型的来临。

但是，从实践中可以看出，中期预算试点主要以中期财政规划为基础推开改革实践，而目前的预算绩效管理的实施也主要以短期、年度预算为基础，短期推行的预算绩效管理有助于夯实预算绩效改革的制度保障、技术手段和组织人员等实践基础，但不利于财政资源跨年度的有效配置；中期财政规划的不健全，不利于中长期财政效益的改善，影响了长期财政目标的实现。国外经验表明，预算绩效管理的实施是基于中期预算基础上，两者互为辅助，密不可分，共同推动预算管理的进程，提高财政资源的分配与使用效率。基于此，为推动我国预算管理改革的进一步发展，有必要结合我国对中期预算、预算绩效管理的开展实际，探究两者在我国衔接发展的可行性与实用性进行深入研究与分析，同时，借鉴西方国家实践经验，分析其他国家中期预算框架下预算绩效管理的基本内容设计，提出构建我国中期预算框架下的预算绩效管理模式，以进一步完善我国预算管理体制，提高财政资金使用效益，实现财政的可持续发展。

1.1.2 研究意义

预算管理问题一直是党和国家在各项政府事业发展中关注的重点问题之一，其涉及“以人民为中心”的国家对于公共资源的分配问题，因此，更容易受到公众的关注。而近年来，我国经济的发展逐渐从高速向高质量发展转变，实践表明，财政收入也正在高速长向高质量“提质增效”方向转变，提高公共服务供给质量，提升财政资源分配与使用效率，不仅是社会要求政府支出分配的合理化需要，也是国家推进政府治理水平提升的重要手段。预算绩效管理改革是“推动财政资金聚力增效，提高公共服务供给质量，增强政府公信力和执行力”的重要手段。当前，我国预算绩效管理改革主要体现在年度预算层面，但实践证明，我国政府预算多为中长期资金安排，为更好地推进预算绩效管理为技术手段的预算管理体制改革，还要与中期预算框架相结合，一方面使绩效理念融入中期预算框架，另一方面使中期预算与预算绩效管理改革相衔接，从而实现现代预算体制管理的逐步完善。以此为切入点，本书通过对中期预算与预算绩效管理的理论分析为基础，以国外长期开展中期预算与预算绩效管理为经验，理论与实践相结合，考察我国中期预算与预算绩效管理改革发展的特有现状，拟构建出我国中期预算框架下预算绩效管理改革的现实逻辑，结合实践发展，提出当前改革面临的难点与问题，针对问题提出相关对策建议，以期为更好地推进全面实施预算绩效管理提供思路与参考。

1. 理论意义

从现有理论研究来看，近年来，专家学者们对预算绩效管理和中期预算管理改革的一些相关问题进行了深入研究，取得丰硕成果，但在中期预算框架下预算绩效管理改革的理论研究却较少。本文结合新公共管理理论、周期性预算平衡理论、公共选择理论和委托代理理论，对中期预算框架下的预算绩效管理的相关理论进行了梳理总结，理论界定了预算绩效管理、中期预算的内涵；更深入地从理论层面探讨了中期和年度预算的区别与联系，从政府治理效能、公共资源效益、优化支出顺序、潜在财政风险、内部绩效控制等相关层面提出了构建中期预算框架下预算绩效管理的理论必要性，对于完善预算绩效管理与中期预算管理的理论基础有一定的参考价值。

2. 现实意义

2018 年以来，伴随着经济下行风险加大和财政政策的力度加大，我国财政收支压力骤升，以预算绩效管理为切入点的政府“提质增效”行为，成为当前缓解财政压力，完善现代预算管理制度的重要手段。全面实施预算绩效管理，有利于优化预算资源配置，增强预算的约束力，是进入新时代对建立现代财政制度的新期待与新要求。自 2003 年财政支出绩效评价考核办法提出以来，中央级部门与部分地方政府如火如荼地开展了一系列预算绩效管理的相关改革，并取得一定成效。但现实中也发现，强调年度预算考察为主的预算管理模式，忽视了中期财政规划在推进改革中的重要性，现阶段中期财政规划设计的科学性和准确性不足，严重影响了预算绩效管理工作的顺利开展。中期预算框架下如何开展预算绩效管理，如何更深入地推进预算绩效管理改革等，都成为预算管理制度在我国深入推进中需要思考的难点与重点问题。为解决以上问题，本书采用理论与实践相结合的方法，从理论分析入手，以现实发展为推进改革的基础，探究了中期预算框架下预算绩效管理实施的可行性，提出了构建中期预算框架下预算绩效管理改革的基本逻辑，分析了实践中推进改革的现实难点与问题，通过以国外实践经验为参考，提出了符合我国改革进度与现实发展的相关建议，也为更为深入地推进中期预算改革与预算绩效管理的实施，完善现阶段预算管理体制具有重要的现实参考意义。

1.2 国内外研究现状与综述

根据对国内外中期预算与预算绩效管理的文献梳理发现，国外研究重点侧重对预算绩效管理的内涵、预算评价与结果应用、改革实践，中期预算管理内容的研究，国内重点对预算绩效管理改革的实践、难点与问题，中期预算管理及相关协同性进行研究。

1.2.1 国外研究现状

1.2.1.1 关于预算绩效管理内涵的研究

20 世纪 40 年代末至 50 年代，美国率先提出了公共部门绩效预算改革的理念[3]，以绩效为依托的研究开启了对绩效预算研究的深入探索，公共部门绩效和效率的衡量成为公共管理研究的重要子领域（Ingraham、Joyce 和 Donahue，2003；Robinson，2007）[4][5]。奥斯本和盖布勒（Osborn and Gaebler，1992）指出预算中的绩效是指将改变企业管理政策的方法运用到公共部门，以绩效的方法建立的预算制度[6]。绩效包含三个因素，即行为、产出和结果（Mwita，2000）[7]，因此，预算绩效基于预算行为产生使用效益、效率和效果，通过经济性（Economic）、效率性（Efficiency）和有效性（Effectiveness）的“3E”标准获取和使用资源以实现绩效目标管理和绩效评价。美国预算与管理办公室提出政府在开展工作要获得效益与效果，而衡量这种效益与效果的行为叫作绩效预算，为实现绩效预算，需要采取拟定可实现的目标设置、为达到预期目标所需财政支出和项目产出与结果的情况，并采用量化的数据进行评价与衡量实施过程。英国财政部提出预算绩效是对财政支出的经济性、效率性和效益性全面衡量的综合预算模式。OECD（2007）定义为：预算绩效是预算模式的一种具体形式，将绩效分配与科学衡量绩效成果的资金联系在一起的预算模式，按照绩效衡量的方式划分，可分为表象预算绩效、规划预算绩效和直接预算绩效[8]。

1.2.1.2 关于预算绩效评价和结果应用的研究

国外对预算绩效评价内涵与界定达成了一定的共识。威廉·邓恩认为，评价主要关注“价值”。他在《公共政策分析导论》中对评价的含义：“评价是使用某种标准或某种价值观对政策运行的结果给予分析，在某种程度上，这与评估、估计和估价的含义具有一致性。更准确地来说，评价所提供的信息会直接影响政策的运行，评价的结果是否有价值，取决于对政策是否起到必要的影响，且对既定目标或目的起到了一定的作用。从此角度而言，评价就起到对政策或计划某种意义上的成效，也表明某些政策问题得到了缓解与改进。”[9]尼古拉斯·亨利（2011）认为，绩效测量是“项目目标完成情况的间断性跟踪与报告”，旨在为强化部门管理与决策提供信息根据，促进绩效目标完成与实现，其特征在于定期或不定期监控、独立运行和专门评估。[10]根据 World Bank（2013）观点：预算绩效评价是对政府有关计划或政策执行行为进行的一项研究，侧重关注政府实施开展工作的投入、活动与产出，进行以此为依据评估预算执行绩效，基于此，绩效评价就具备具有四个方面的共同特征：评价依据合理性、评价标准客观性、评价方法科学性和评价结果可比性[11]。具体来看，预算绩效评价是依据设定的指标体系，采用特定分析工具，分析与评价政府支出行为的制度，其目的是实现政府行为的内部控制，加快保障实现政府工作目标，提高运行效率。Julnes 等（2001）提出，支出成本、使用收益和结果的评价，项目产出评价，政策和过程评价是预算绩效评价的三种主要形式[12]。按照预算部门评价的重点不同，可分为财政支出政策绩效评价、部门（单位）预算绩效评价、项目支出绩效评价（OECD，2017）[13]。学者们在绩效评价的研究中最为关注的是绩效评价的各种测量方法，包括 CompStat、

CitiStat（Behn，2008）等工具和 Laspeyres、Paasche 指数等技术[14]，在加权相关变量时使用规范分析和特征值的主成分方法，动态因素建模，工具变量，以及在一系列变量、平衡计分卡及其与组织战略相联系的加权回归系数等方法（Kaplan and Norton，1996；Kaplan and Norton，2001；Simons，D á vila and Kaplan，1999；Smith and Street，2005；Stoner，1992；Rouse and Putterill，2003；Reichmann 等，2007）。[15-16]

关于绩效信息的应用，国外根据决策者和管理者在预算过程中如何使用绩效信息，将绩效预算分为“直接绩效预算”“绩效知情预算”和“代表性绩效预算”，其中直接绩效预算是指将预算分配与绩效结果明确、直接地联系起来，如通过预算绩效模型结果及形成的预算绩效讨论结果，要求项目预算根据项目产出和结果证明资金的合理性，并通过一定的减少预算和问责影响再次预算。“代表性绩效预算”则是没有将绩效结果应用于预算分配，绩效指标与结果等绩效信息虽然公开和列报，却未能在预算编制过程中供决策者和管理者使用（Joyce 2003；Joyce and Tompkins 2002；OECD 2007）[17-18]。相比于以上两种绩效结果应用方式，绩效知情预算则相对中立，其更注重绩效信息对预算分配与预算编制的宽松化影响，将绩效信息视为预算过程中信息输入的一部分，并承认许多其他因素，如领导层的政策优先事项、政治考虑和财政约束等，而这些因素在影响如何在项目和部门之间分配资金方面可能同样重要，这一方式与预算绩效的初衷相呼应，预算绩效本身就是一个充满模糊性、主观性、不确定性及选择性和战略性信息交流和融合的过程（Moynihan，2008）[19]。

1.2.1.3 关于国外预算绩效管理的改革实践的研究

不同国家预算绩效管理改革的侧重点不同，荷兰和北欧国家的改革则是通过循序渐进的过程逐步成熟，不是通过激烈和大规模的制度改革进行；而韩国、法国和澳大利亚则将预算绩效看作是公关财政系统一揽子改革的重要手段之一（Maarten，Alfred，2019）[20]。L. R. Jones 等（2010）对美国预算绩效管理的尝试进行了研究，提出美国预算绩效管理更为强调效率和效益的衡量，发现预算绩效在一些部门取得了成功，其重要原因是形成了准确可靠的数据库和信息系统，还形成了与费用与成本相适应的服务绩效指标，以实现预算绩效与资源分配的挂钩。同时，他们提出美国预算绩效更好地开展还要明确预算部门主要工作职责、战略和服务的优先次序，以及中期预算计划与预算有结合度；各部门应尽可能简化预算绩效计划，但要明确部门开展工作的具体措施、目标、基线数据和长期目标；预算绩效目标下，各部门还要与预算审查人员、外部监督绩效人员共同推进预算绩效改进、衡量及预算应用；预算部门集中注意改进预算绩效的效率、效力和降低成本的措施；预算绩效的开展不以削减预算和审查问责为重心，否则会降低预算部门开展工作的积极性；良好的会计和绩效衡量体系是有效实施预算绩效的必要条件；基于部门受政策的统一影响，应加强部门之间预算协同性[21]。

Nowook Park 和 Joung Jin Jang（2014）利用 2011 年 OECD 绩效预算框架分析了韩国预算绩效体系的优势与局限性，提出韩国目前包括绩效目标管理（监测）、预算方案自我评估（审查）和深入评价预算方案（方案评价）三个层次[22]，有利于公共部门的利益相关者保持项目绩效的一致性（Park 和 Choi，2013）[23]，有利于财政对“无效”计划更大的预算削减（Park，2012）[24]，也有利于外部机构加强对行政部门决策机制的约束力，下一步还要加强预算方案评价的协调性和部门职能关系。Ronnie Downes 等（2017）对欧盟的预算绩效管理体系进行了研究，欧盟主要以投资预算为主，OECD 制定了一个综合绩效预算指数用于评估欧盟预算绩效，它包含 11 个变量，涵盖所开发的绩效信息的可用性和类型、监测和报告结果的过程以及中央预算当局、职能部委和政界人士是否（以及如何）在预算谈判和决策中使用绩效信息；评估中发现，欧盟开展预算绩效管理面临的问题包括绩效文化缺失、绩效资源不深入、缺少绩效人员有关绩效能力的培训、缺乏准确、及时的绩效数据以及缺乏关于效率指标的信息，文莱等国还加强了对绩效信息更为全面的年度审查，同时制定标准化的事前、事后战略预算报告，OECD 也提出，为建立适用于欧盟结构和投资（ESI）基金的“绩效准备金”模式基础，建议欧盟引入支出审查、多年预算和战略政策的时间框架[25]。

1.2.1.4 关于中期预算管理的相关研究

目前，国外对中期预算没有统一的名称，现阶段有“中期预算框架”“跨年度支出计划”“多年期预算方法”等，理论界尚未给予准确的界定。

关于中期预算的理论内涵，Boex、Martinez 和 Robert（1998）认为，狭义角度讲，中期预算是规定政府部门多年收入和支出水平的预测，广义来看，中期预算可看作为一种预算方法，通过多年期收支（财政计划）估计加强年度预算的方法。Asia Bank（2001）认为中期预算强调跨年度支出规划，提供总支出预测、宏观经济预测和审查各类计划成本都应纳入中期预算。Salvatore and Daniel（1999）指出，中期预算与年度预算在形式上应保持一致，应建立与年度预算相同的跨年度支出计划（中期预算），理想的中期预算能够明确当前的支出水平、未来提供同种服务所需的额外支出说明、改变服务水平和质量提升所需的额外支出说明三个方面[26]。Premchan（1993）提出中期预算旨在使跨年度预算编制更为正规与全面，但也须区分支出规划与发展计划。其中，前者是连续的预测过程，随着任务规划的实施进展对其合理性进行评价，而后者是在特定时间有组织地对未来展望[27]。IMF（2001）在《财政透明度手册》中指出，需要各国提供以中期预测为基础的财政收支声明[28]。

对于中期预算的实施过程及存在的问题，OECD（1995）明确了中期预算的任务主要有两项：一是设立中期可操作、稳定的财政政策目标，建立跨年度、稳定、可操作的预算项目，以便更好安排资金预算；二是最终目标是便于财政支出管理者制定更好的预算与资金支配[29]。中期预算并非十全十美，Jon Blondal（2013）从现行国家中期预算改革的实践发现，多年期预测可能存在高估经济增长的倾向，就会导致资源筹资过多带来扩大公共支出的压力；预测年份分配资源被判断合理，导致以后难以削减后续支出分配[30]。Petrei（1998）指出“自上而下”的中期预算必须强调预算限额与预算过程的相结合，否则会容易造成预算权力过于集中，进而导致预算体制僵化行为的产生[31]。World Bank（2004）提出成功的中期预算框架，重点要协调制度与机制间的差异，政策制定者要处理好政府可供提供的财政资源与政策优先发展项目之间的匹配[32]。IMF（2001）指出，中期预算框架解决了有限性的预算信息带来的项目经营成本与费用的不足，帮助部分发展中国家或处于转轨阶段的国家，整合资本性与经营性预算，但是目前这些国家开展中期预算的不足之处，重点是未能实现准确预测经济与财政资源的总量，未能发挥中期预算对政府政策的有益调节。World Bank（2013）提出有效中期预算框架需要设立一个综合的整合规划和预算编制的框架，预算部门要具备逐步适应与提升自身技术能力水平，结合宏观财政制度与政策机制，逐步健全系统有序的预算管理体系[33]。

1.2.1.5 关于中期预算与预算绩效管理协同发展的研究

Schick（1966）的经典预算绩效理论认为，预算绩效管理是对预算系统的控制、管理和规划方向的分类，绩效预算是一种以计划为导向的制度，理想形式是“将计划职能集中起来，具体将管理与控制职能下放到监督和运营层”，计划则被看作预算绩效的首要导向[34]。实践来看，尽管预算绩效在各国间的趋同程度越来越高，但是在OECD的各国实践中仍存在很大差异，Crisostomo（2015）认为不同国家预算绩效改革的区别在于，如韩国、法国和奥地利，都将预算绩效管理改革、中期预算规划改革，并列作为一揽子规划下现代公共财政系统的重要改革[35]。Anwar（2007）认为绩效预算管理与中期预算存在共同的技术条件和实收基础，都能与预算行为产生较为密切的联系，两者若能进一步衔接，则将能更为有效地提升公共管理效率，强化预算决策行为[36]。Dubcan（2009）仅从部分国家开展的中期预算与预算绩效管理基础运行阶段，发现两者演进发展都依托于改进财政支出项目的优先顺序。部分学者如Oman等（2014）和Yime（2015）从实证角度，选取埃塞俄比亚和印度尼西亚两国，对中期预算与预算绩效管理结合形成的中期绩效框架所产生的效果进行了计量分析，实证结果发现，两者具有高度相关性，短期项目和长期项目相结合的科学财政支出绩效评价框架的构建，能明显提高政府施政水平，增强绩效控制[37-38]。Alta（2007）对非洲地区的中期预算实践进行了调研，他提出，与单一实施中期预算的国家相比，与预算绩效改革共同推进的中期预算绩效改革所产生的支出实际效果更为明显[39]。

1.2.2 国内研究现状

1.2.2.1 关于国外预算绩效管理实践研究

吴永立（2012）对美国、新西兰、澳大利亚三国的预算绩效管理模式进行了比较研究，提出绩效预算是市场经济条件下政府加强公共支出管理、提高财政资金使用效率与结果的客观选择，决策者支持、立法层面保障、复式预算开展、给予部门充分自主权与灵活性是保障绩效预算顺利开展的重要条件[40]。马国贤（2007）发现，目前近50个发达市场经济国家实行了预算绩效管理改革，不同国家开展绩效预算的程度虽有不同，但预算绩效管理的改革都对政府施政改革起到重要的支撑作用[41]。肖鹏（2014）对美国预算绩效管理的特点深入分析，他认为由于国会直接领导与监督绩效评价工作的开展，可见美国政府对预算绩效管理的开展力度之大，同时，联邦政府将绩效评价结果与部门管理责任、预算挂钩，有助于提升政府支出管理效率与支出效益[42]。王淑杰（2014）认为可借鉴早期开展预算绩效管理探索的英国经验，一方面稳步探索我国预算绩效管理，另一方面学习英国政府预算绩效管理改革与行政体制改革的紧密结合，实现政府整体行政能力水平的提升；同时，她也提出，相比于美国等国家的预算绩效改革是在法律框架下逐步推进，英国预算绩效改革主要是在政府主导下循序渐进，政府与社会共同参与的结果。[43]唐韵（2015）对新西兰预算绩效管理成功改革经验表明，绩效信息系统的建立、部门之间的沟通机制的建立、标杆管理下完善绩效监督机制，不断改进和巩固组织绩效管理水平是预算绩效管理改革的重要经验[44]。

1.2.2.2 关于预算绩效管理内涵与实施过程研究

国内的预算绩效管理研究主要以地方实践为基础，以预算支出绩效评价为起点，相关研究主要集中于绩效评价方面，且取得了较为丰富的成果。多数学者认为预算绩效管理的核心是绩效评价，评价本质为借助技术手段、分析工具与指标体系，分析支出效果，控制政府支出行为，保障政府工作目标实现，提高政府效能与效率（财政部，2009；史洋等，2018；白景明，王泽彩等 2018）[45][2]。在评价目标认定方面，财政资金使用的

3E 原则（效率性、效果性、效益性）被认为是绩效评价的依据（陆庆平，2003）[46]，认为财政政策目标、政策执行与政策效果，与 3E 原则的统一是开展预算绩效管理工作的关键（杜兴洋，田进，2007）[47]。后逐渐演变为 4E 原则，即评价的经济性、效益性、效果性和公平性四个维度（王泽彩，2018）[2]。（2）评价指标设计方面，赵学群（2010）提出绩效指标体系是整个绩效评价的核心[48]；多数学者认为绩效评价指标体系是衡量绩效最为直接的内容，2013 年财政部发布了预算绩效评价共性指标体系的相关管理办法，指出中央各级预算部门与地方预算部门，建议采用共性与个性相结合、定性与定量相结合的思路，以多种指标形式衡量、监测和评价财政预算支出的经济性、效率性和有效性。（3）在评价主体的界定方面，白景明（2010）指出绩效评价是在不连续时点上进行的，而且经常寻求来自技术专家外部视角的评估行为[49]，这就意味着绩效评价不仅包括了财政部门和各预算部门，还依赖于第三方机构或专家的评价。随着中国地方政府预算绩效评价的推广与各地方的标新立异，人大立法机构和政协委员也逐步纳入到预算绩效评价的队伍之中（吴素芳，2019）[50]。

评价标准制定方面，评价工作实施的基本依据就是评价标准，公平与效率、国内外相结合、普遍与个别、制定标准与实际结合，都是当前评价工作实施开展常用的标准[55]；同时，可以定量的样本数据为基础，利用数理统计和计量的方法测算数据标准，从而评价对象的质量等特征。根据是否可计量，分为定性与定量标准；根据标准的采用的依据，分为行业、计划、经验与历史标准；根据评价主体设定，分为政府、公众和第三方机构标准；根据区域划分，分为国内与国际标准。评价方法的选取上，由于预算相对透明，国外采取计量模型方法居多，主要提出了以决定与结果因素形成的共性方法，其中，质量、灵活度、资源创新使用作为衡量决定的主要因素，而财务与效益具体衡量结果因素。此外，以财务情况、顾客行为、内部运行过程、学习与成长能力四个维度开展的平衡计分卡技术也被逐步引入到绩效评价。国内学者在总结国外评价方法基础上，归纳了国内比较通行的八种评价方法，包括历史动态比较法、成本效益分析法、因素分析法、最低成本法、目标评价法、综合指数法、费用职能比较法、公众评判法（罗建钢，2003）[51]；有些学者还引入了企业管理中的澳大利亚QQTP法，KPI关键指标绩效法（具体原则、可度量性原则、可实现性原则、关联性原则和时限性原则）、4E法（项目完成的效果、效益性、经济性和公平性评价）和AHP层次分析法（管理指标的权重系数评价）（李社宁等，2019）[52]，呈现出了静态与动态结合、单项与综合分析结合、定性和定量结合、准确与模糊结合的评价方法（闫坤等，2015）[53]。评价结果应用与反馈方面，评价结果制度与机制建设、结果反馈方式、人大结果报告的审议和结果公开四个维度也进行了探讨（李春根等，2019）[54]，但研究多数停留在基础实践探讨层面。

1.2.2.3 关于实施预算绩效管理面临的难点与问题研究

李燕、王宇龙（2005）基于我国特殊国情分析了引入预算及相关面临的制度性和非制度性的约束[55]。首先，制度性约束表现为绩效战略与目标管理的不统一、科学绩效指标构建困难与绩效结果应用的不重视；其次，非制度层面，我国行政体制的特点和特有组织文化都对预算绩效理念的引入造成了很大障碍，同时，人员素质专业性不高、预算分配权限分散和配套措施的不完善也成为预算绩效管理改革的难点。可见，预算绩效改革是一个长期过程，无法一蹴而就。王雍君（2014）对预算绩效管理对于绩效意识的扩展、强化绩效审计、财政投资评审核减财政资金量起到重要作用，但他认为现在开展的预算绩效管理缺乏公民参与与回应性，容易变异为官僚主义式的作业，建议要不断强化财政纪律，引入由内部导向到外部导向的规划预算，增强公民参与和回应性，改进财政政策决策程序和消除问题规划[56]。苟燕楠等（2019）梳理了当代中国预算绩效管理的理论发展与实践，通过开展绩效管理问卷调查发现，目前，预算绩效管理的顶层设计亟待完善，组织领导有待加强，绩效激励形式有限，责任约束有待提升；绩效管理覆盖不全面，各项预算还亟待纳入，绩效应用效果也十分有限，绩效缺乏硬化约束，下一步还应在预算绩效管理，控制预算总量、完善激励机制、提升预算能力、完善信息基础建设、优化绩效评价体系、健全监督机制几个方面加强实践探索[57]。

1.2.2.4 关于中期预算管理的研究

相比国外对中期预算管理的研究，国内学者对于中期预算管理的研究主要集中于理论研究，实证研究方面还处于薄弱环节，这与我国跨年度预算平衡机制实施刚刚启动，目前正处于实践探索阶段，一些经验数据获取困难有关。郑春荣（2008）提出中期预算是指在经济预测基础上，对中长期国家施政、宏观发展和经济建设规划，中长期财政资源、重要支出项目的预算筹划所进行的结构性整合，建立目标清晰、层次分明的宏观经济与财政计划框架，以控制年度预算，保证宏观政策稳定与连续性，提升政府资源配置效率为目标的一种预算管理手段[58]。王雍君（2008）将中期预算框架的作用与意义总结为八个方面：一是明确国家未来财政年度可供财政支配的资源与数量，支配不足时应如何解决。二是向公众纳税人说明公众资金的去向与用途。三是限额预算限制部门过高支出期望，影响政府政策决策与取向。四是通过更强有力的约束方式约束部门支出需求，不同经济周期调整支出控制。五是明确未来多年度财政收支形势和政府规划，提高预算透明度，增强公众与社会利益相关者对政府承诺的可信度。六是方向性引导年度预算支出，作为中期预算的一部分，年度预算应遵循中期预算框架下的政府政策意图，合理确定年度预算编制支出重点。七是实现政策连续、资金可持续，减弱由于部门人员决策或使用造成的政策滞后、断裂影响，避免机构推迟年度预算，加重未来年度预算的任务量。八是清晰展现现有与未来政策所形成的跨年度成本与支出[59]。

1.2.2.5 关于中期预算与预算绩效管理协同发展的研究

王雍君（2008）提出中期预算能促进预算支出的优先顺序与预算编制实现紧密联系，更为清晰地展现出经营性支出和资本性投资支出，鼓励政府用长远眼光判断预算支出的优先顺序[60]。姚绍学、李小捧（2004）在对地方政府制定中长期财政预算的构想中提出，地方政府应遵循与国民经济计划相协调，财政收支合理增长、动态管理、绩效导向和透明度等原则制定地方中长期预算[61]。郑春荣（2008）指出中期预算是推进预算绩效实施的重要技术手段，有效地将微观预算与宏观预算实现有机结合，即在财政支出上限的基础上实行年度绩效预算，多年度支出总额限制下，各机构可灵活完成绩效目标，财政部门也可从重点关注支出绩效转移到集中精力开展项目绩效评价[62]。李红霞、刘天琦（2016）提出如绩效评价管理不健全，容易导致中期预算绩效目标被地区与部门总体规划目标取代，进而影响实施中长期评审方案的精准性、科学性与合理性，建议除中期财政规划的编制要坚持绩效管理外，“绩效”理念还要逐步融入中期财政规划的执行与监督全过程[63]。王泽彩（2019）认为，某种程度上来说，当前推行的预算绩效管理是绩效预算的实践基础，结合国际经验与国内实践来看，未来还要以政府战略规划的设立为引导，以中期滚动预算改革为实施方向，以部门绩效考评和跨年度预算平衡机制为依托，最终以战略规划和预算编制实现预算绩效管理全方位飞跃[64]。

1.2.3 研究述评

从国内外文献综述中可以发现，国外预算绩效管理改革取得成功的重要经验是基于中期预算的基础上所开展的绩效预算改革，通过政府职能制定详细的中长期战略，对一定时期政府的绩效管理目标与方针政策的明确，以及为年度预算绩效管理的稳步推进发展都奠定了重要基础。同时，国外对于中期预算与预算绩效管理的研究已更多是实证研究，侧重探讨具体预算环境千差万别的国家中设计良好的中期预算与预算绩效管理模式。而我国关于中期预算与预算绩效管理研究，相对较为分散，多数研究依托于政府政策的制定与实施，尤其中期预算的相关研究多数是论述预算改革中的中期预算思想以及中期财政规划设定存在的问题，而在全面推进预算绩效管理改革中，如何充分发挥中期预算与预算绩效管理协同改革发展，目前研究较少。基于此，本书希望就中期预算与预算绩效管理之间的关系进行研究，探讨在中期预算框架下，如何更好地推动全面实施预算绩效管理改革，如何更好地发挥预算绩效管理在预算编制与中期预算框架协同中的作用，以期为当前预算绩效管理改革提供一些思考与建议。

1.3 研究的思路、方法与主要内容

1.3.1 研究思路

本文的研究主要分为三个阶段：如图 1–1 所示，

（1）提出问题阶段。此阶段是掌握相关研究成果和研究理论基础，主要包括了对预算绩效管理与中期预算的相关国内外文献搜索与总结，阐述了相关概念的界定和主要理论基础。

（2）分析问题阶段。该阶段通过以现状分析着手，分析了我国开展中期预算与预算绩效管理的政策演变与现状，发现梳理了制约当前两者推进发展的问题与原因。

（3）解决问题阶段。基于现状与问题分析，该阶段提出进一步推动中期预算框架下的预算绩效管理改革相关对策建议。

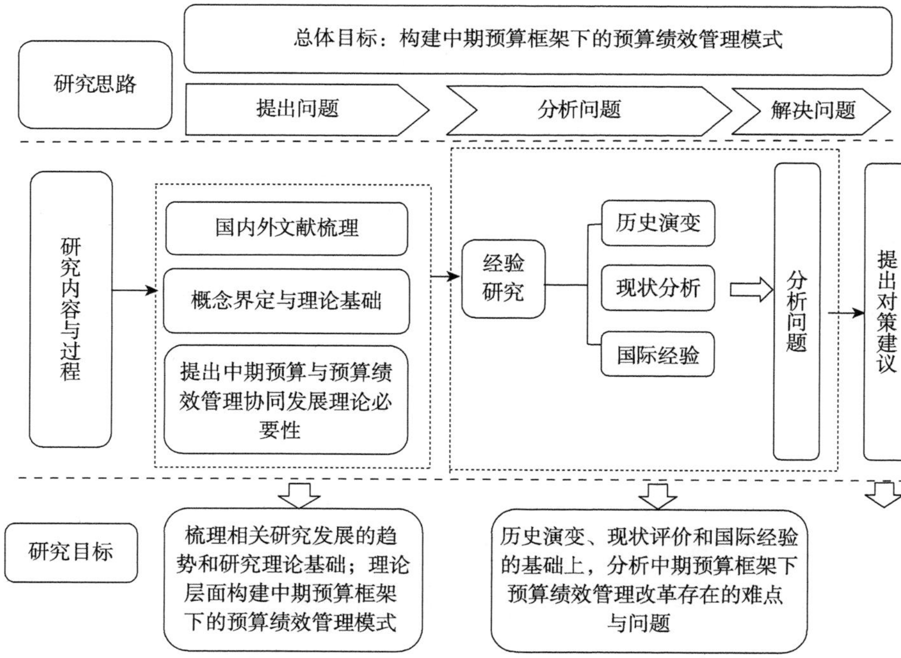

图 1–1　本文研究思路

1.3.2 主要研究方法

本文采用的主要研究方法如下：

1.3.2.1 文献分析法

对已有文献资料的分析整理，归纳出国内外关于中期预算和预算绩效管理改革的理论研究成果；总结概括中期预算框架下预算绩效管理发展的相关理论基础；梳理我国中期预算改革与预算绩效管理改革发展的历史演变过程与现状。

1.3.2.2 比较分析法

中期预算与预算绩效管理改革的历史演变和现状研究中，比较分析了不同时期中期预算改革与预算绩效管理发展的状况，发现、总结两者发展过程中存在的问题。同时，系统展现澳大利亚、新西兰、英、美等国中期预算框架下预算绩效管理发展的情况，对典型国家的中期预算与预算绩效管理的改革实践进行差异化比较研究，以期为我国相关改革的推进提供实践支撑。

1.3.3 研究的主要内容

本研究共分为六个部分，主要研究内容如下：

第一部分为绪论。提出了当前推进中期预算框架下预算绩效管理改革的研究背景与研究意义，梳理了国内外关于中期预算、预算绩效管理改革与两者协同推进的研究成果与评述，概述了本文的研究思路与研究方法，提出本文的研究内容、创新点与不足。

第二部分为概念界定与理论基础。介绍了年度预算、中期预算与预算绩效管理等概念，阐述了中期预算框架下预算绩效管理的理论基础，在此基础上分析了中期与年度框架下预算绩效管理的区别，梳理了中期预算与预算绩效管理实现衔接的必要性，如提高政府治理效能和公共资源使用效益，优化财政支出顺序和保障重点项目，加强对潜在财政风险的认知与控制以及提高预算绩效管理的程序性能，强化内部绩效控制等。

第三部分为现实考察。主要分析了我国中期预算改革的演变及现状，梳理了预算绩效管理改革的发展背景、政策演变与现状；从中期预算与预算绩效管理的联系、不断完善的制度条件、各项改革的逐步深化、地方开展预算绩效管理的实践内容不断深化等角度，探讨了当前中期预算与预算绩效管理改革协同发展的可行性。

第四部分为问题分析。基于现实考察分析，从综合的中期预测、中长期绩效目标管理、绩效运行监控、绩效评价与评价结果应用以及建立预算报告的公开机制五个方面，拟构建中期预算框架下预算绩效管理改革的基本逻辑。结合基本逻辑，提出现行制度下中期预算框架下预算绩效管理改革的难点与问题。

第五部分为经验借鉴。选取 OECD 国家开展中期预算与绩效预算工作较为突出的英、美、澳大利亚、新西兰等国做法，进行了梳理与分析。其中，英国作为中期预算改革的先驱者，是将中期预算与预算绩效管理结合较为完整的国家；美国作为新预算绩效改革的推动者，对中期预算与预算绩效管理的衔接推进也提供了有益经验探索；澳大利亚和新西兰作为中期预算与预算绩效管理改革“现代模式”的推动者，其开展的有益经验也受到 OECD 中的多个国家模仿与借鉴。

第六部分为对策建议。基于问题分析与经验借鉴，提出推进中期预算框架下预算绩效管理的原则、思路与对策建议。下一步建议从逐步推进预算绩效管理改革，逐步促进中期预算与预算绩效管理的内容衔接，提高中期预算框架下的宏观经济与财政预测质量，健全科学、管理规范的预算管理程序，构建中期预算框架下预算绩效管理改革的配套机制五个方面进行改革优化。

1.4 研究创新与不足

1.4.1 创新之处

本文的研究视角较为新颖。通过对国内外研究文献整理可以看出，当前，无论是在预算绩效管理，还是中期预算的理论研究方面都取得了较为丰富的研究成果，但是将两者衔接在一起探讨的研究较少，尤其是构建中期预算框架下的预算绩效管理的探讨，其独立的分开研究的原因在于，国内对于两者的研究方式是实践反推理论研究，因此依据中期预算与预算绩效管理独立开展的实践情况进行的相关研究。为更好地分析两者在理论与实践层面的结合，文章除探讨了两者协同推进的理论基础，还着重笔墨借鉴 OECD 等国如何将中期预算与预算绩效管理协同推进实践进展进行详细梳理。国际经验表明，两者在理论与实践中的作用相辅相成，密不可分，也是本文希望强调的论据点。

1.4.2 研究不足

为展开此研究，作者做了大量的文献搜集，并花费了较多的时间深入研读，但由于本人能力和水平仍有限，同时也发现预算绩效管理与中期预算研究所涉政治学、经济学与管理学诸多学科，还需要有更多扎实的相关专业基础进行更深入研究，如在政治层面两者的协同研究还存在哪些难点，在我国的实践开展中是否会面临新的问题，这些内容还有待于进一步探讨。

第二章　中期预算框架下的预算绩效管理的理论分析

2.1 相关概念的界定

2.1.1 年度预算

年度预算一般是指预算年度有效期为一年，所采取的财政收支规模和结构的预计与测算，是公共资金在不同预算部门之间与各项目用途间分配的法定方案。作为法定的资金分配方案，年度预算的收入和支出一般精准度较高，且预算支出和收入一般具备两个条件：法律约束力，准确与稳定。其更为强调对财政支出的控制，往往忽视预算的资源优化配置的目标，容易限制预算部门资金使用与配置的积极性与主动性。

年度性与约束性原则是年度预算框架最为核心的原则，其中，年度性原则要求每一年度需对财政收支总额进行重新预算，从而保证预算部门及时把握未来一年财政收支预期。约束性原则强调年度预算的法定性，其一经审定则必须严格执行，尤其是预算支出资金按年度预算方案执行，有利于约束政府的活动。但随着政府财政收支活动的多元化与复杂化，单一的年度预算已无法适应中长期的财政管理需要。首先，年度预算不具备前瞻性和长远性，仅对一年的收支预测进行考察，忽视未来年度收支的预测重视，将会一定程度增加财政收支波动性，加大财政风险。其次，年度预算无法充分发挥中长期财政政策的宏观调控能力。正常而言，财政政策的逆周期调节作用，一方面归因于实际经济运行，另一方面依托于对宏观经济的预判，若两者在时间、周期上脱离，财政政策应有的作用就无法发挥，也就制约了一定程度对宏观经济的调控。

2.1.2 中期预算框架

中期预算是指通过设定财政目标、增加中期预测、安排决策制定程序以及政策和程序组织数据等手段加强年度预算的实施，其强调预算支出部门对周期性年度限额进行规定，要求超额财政支出在预算部门内部进行调整再分配，从而减少部门支出无限扩张，进而优化预算部门的支出动机。实践来看，中期预算包括年度预算在内的框架，具体体现在自上而下和自下而上两个方面：一是“自上”批准财政支出目标限额，“而下”确定政府优先性战略政策；二是“自下”形成详细预算申请，“而上”审核认可、批准与财政目标相一致的预算，包括中期财政收入与支出预测。根据 OECD 的认定，中期预算即中期支出框架，可划分为中期财政框架（MTEF）、中期预算框架（MTBF）和中期绩效框架（MTPF）。其中，中期财政框架是仅对财政资源的总量进行限定，中期预算框架不仅确定财政总量限额，还要确定部门限额和部门决策，中期绩效框架则是基于中期预算框架下，将预算改革更深入转变为项目或行动层面绩效改革。

基于中期预算的认定，具体来看，狭义上的中期预算框架是多年视角下一系列优先目标的安排、结果的呈现和收入支出的集合，中期预算框架的实施有利于政府及时掌握当期的政策在未来几年的实施情况，在预算编制中“赢得先手棋”，最终实现对财政支出状况的更好把握。广义上来看，中期预算框架一方面涵盖了未来一定周期的财政收支预测计划，另一方面根据计划实现对支出总额的控制，还包括了预算部门的体系建设、规则与程序的制定，防止政府过于“短视”化地起草财政计划，也确保了政府政策的稳定、连续性实施。综上所述，中期预算框架是一个具有约束力、系统化的预算管理体系，该体系基于政府战略规划、可行性宏观经济变量与财政收支预测，为政府各部门提供未来年度的支出预算限额，以强化支出约束，制定的为期 3—5 年滚动的、具备约束力的框架体系，体系的核心是支出限额。中期预算框架体系涵盖以下几个方面的主要特征：一是宏观层面，通过宏观经济变量的预测，确定可利用的社会资源总量，拟作为预算规划的投入；采用自上而下的程序设置，确定预算支出上限，作为预算编制的基础，以确保中期预算在宏观财政收支、政府债务、财政赤字或盈余总额的规划中建立严格的财政纪律。二是中观层面，中期预算能够使预算资源在预算部门间和财政规划间，建立有效的支出优先配置机制，以提高公共支出的效率。三是微观层面，跨期视野下，结合项目支出预算绩效管理，对项目支出的合理性予以连续、系统性的评价。

2.1.3 跨年度预算平衡

跨年度预算平衡是实现预算管理从年度平衡到中期平衡的跨越，是对年度预算平衡论的一种改革，也是对周期预算平衡论的延伸和升华，体现了经济非均衡视角下的动态平衡。从时间跨度上，它突破了年度预算时限安排的绝对性，也不排除年度预算平衡的可能性，是一种兼具前瞻性、周密性、动态性的跨年度预算平衡机制，能够反映“相机抉择”逆经济周期财政政策的精髓。2014 年 9 月，国务院《关于深化预算管理制度的决定》界定了跨年度预算平衡机制实施的路径，提出改革是以顺应经济发展形势变化，以财政政策为依托进行逆周期调节为目的，通过冲减（增列）赤字、调整预算稳定调节基金、增发国债为手段，实现跨年度预算平衡机制的调整。2015 年《预算法》以法律形式明确要建立跨年度预算平衡机制和构建相应的指导原则及实施方法。

基于实践发展，本书所提出的跨年度预算平衡是指在逆周期调节的财政政策前提下，优于年度预算机制所形成的更具约束力的预算管理体系，其跨越了以年度内的预算平衡，通过灵活安排预算盈余或赤字，及利用预算稳定调节基金和一般债务的逆周期调节，来应对经济繁荣或衰退等经济周期，从而实现中长期预算的基本平衡。

2.1.4 预算绩效管理

20 世纪 70 年代，随着新公共管理运动兴起，绩效预算开始受到重视，美、英两国作为绩效预算改革的先行者，主张政府公共部门要采用私人部门竞争的形式来提升政府行政管理效率及公共服务质量，全力建立基于“结果”为导向的政府预算绩效管理模式。而预算绩效管理概念最早由工程类型引入企业管理类学科，重在研究辅助企业实现预期内的战略规划、经营目标和发展目标，促使各目标层层分解下达企业内部各个单位或组织，以一系列的预算、控制、协调和考核为内容，建立科学、高效的指标管理控制系统和绩效考核管理系统，以达到对分工的经营活动进行管理控制。具体来说，企业的预算绩效管理，实际上是对企业目标控制、实现和考核的一个量化过程，通过业务、资金、信息的整合，适度对部门或单位的分权、授权，基于企业目标管理和绩效考核目标管理的双重约束考核各部门或单位经营质量、经营行为，以实现企业资源合理配置、作业高度协同、战略有效贯彻、经营持续改善、利润稳定增长为目标，是系统化、人本化的现代企业管理环节中必不可少的一部分。

鉴于企业全过程预算绩效管理逻辑分析，以政府为主体的全过程预算绩效管理，相比于企业或者其他经营个体行为，对预算绩效管理的过程要求则更为复杂和透明化。原因在于，政府作为经济学中个人、企业、政府三大主体之一，虽然其不涉及经营性行为且实现的目标机制不同，但其涵盖的税收收入和非税收入来源却涵盖了个人与企业等多类社会群体，因此，较于其他社会群体，要求政府科学、合理支配收入的需求则更为迫切，而这种要求也会伴随着社会整体需求的提升而更为严格，这些都可以从社会要求政府支出分配的合理化需要，逐步要求加强政府支出公开、透明甚至追责、问责机制建立的发展趋势看出。

本文关于预算绩效管理的内涵以全过程预算绩效管理的开展为依据。理论表明，政府预算绩效管理改革的逻辑路径，一方面是将政府预算管理的程序更为透明化、规范化和合规化，另一方面更注重结果为导向，强调所有预算投入和产出结果的评价与反馈，要求各级部门或单位预算编制到执行、结果到评价、反馈到改进形成全链条闭环，最终运用预算绩效管理工具实现所有履职业务的改进与提升，实现向公众提供高效率、高质量的公共产品与服务，实现从“政府管好钱袋子”到“管好政府的钱袋子”的职能转变。因此，从这个角度分析，预算绩效管理改革，狭义上是要求中央级各部门，地方政府、部门或单位所开展活动与行为要通过预算编制、执行和控制、考评与激励等一系列管理内容；广义上，政府部门所开展的行为都需要经过事前、事中和事后一系列绩效管理，最终目的是形成以预算绩效目标管理为目标，涵盖绩效运行跟踪监控管理、绩效评价实施管理、绩效评价结果反馈和应用管理为手段的整体预算绩效管理体系，并通过强化绩效理念逐步融入预算管理的全过程，使之逐步与预算编制、预算执行、预算监督共同成为预算管理的有机组成部分，最终实现“预算编制有目标、预算执行有监控、预算完成有评价、预算结果有反馈、反馈结果有应用”的预算绩效管理机制。沿此思路，本书所界定的预算绩效管理从广义层面着手，不断丰富和拓展事前、事中、事后绩效管理各环节内容，形成了不同环节侧重点不一的预算绩效管理体系。

2.2 相关理论基础

2.2.1 新公共管理理论

以预算管理改革为代表的财政支出管理改革，是新公共管理理论的主要内容。伴随20世纪70年代西方经济危机，社会发展滞胀，政府机构庞大臃肿、效率低下，公众对政府的信任度日益下降，巨大的财政管理危机亟待要求政府革新。新公共管理理论的“新”在于将传统关于政府的公共管理引入私人部门的“新”理念，以市场化经济发展和私人部门竞争方式为导向进一改进政府管理工作，同时吸收私人部门关于预算管理、绩效管理的方法与技术手段，以重构政府、市场和社会的关系，其具体的基本理念体现在以下几个方面：

一是以市场为基础，引入以公共需求为导向的新理念，改善重构政府与公众的关系。同时，强调以民众满意度为突出导向的政府行为方式，如同企业对待顾客，将顾客的满意度作为企业生存与发展导向，增强公共呼声的回应力，建立以公众需求为核心，政府作为公共管理者实施公众责任管理与完善公众监督机制，最终实现公共资源的优化配置。二是政府公共管理中引入市场化管理方式，引入企业绩效管理理念，“以竞争求效率”，实现公共管理分权化与预算部门绩效管理，进而改造传统政府过于官僚化的臃肿、工作中的“形式过程重于实质”等弊端，向重视预算项目的产出与结果效用与效果改善转变，提高政府行政效率。三是借鉴私企管理办法，政府“下放权力+绩效考察”并行，既要让政府各职能部门充分享有管理的权力，又通过“绩效”考察来评定政府权力是否合规、合理与有效；如采用预算绩效管理，考察政府的支出行为；采用政府绩效管理，考察政府行政职能发挥与效果，采用的具体方法如绩效评价体系方法、成本效益分析和全面质量管理等。以市场为导向产生的公共管理理论，其核心内容更为强调以结果为导向，更为注重通过绩效评价等方法，提高政府治理能力与效率，进而提高预算绩效。但与此同时，新公共管理运动也引入了私人部门竞争化的机制，强调企业不仅要考察绩效，还要求强调预算的年度与中长期限额，即将企业部门的中期与年度预算限额规定应用到政府各部门，尤其重视中期预算与年度预算的结合，挑战了传统公共管理理论下强调年度性与非连续性的预算原则，长期性、周期性中期预算因此也迅速被各个国家所应用。

2.2.2 周期性预算平衡理论

研究表明，周期性预算平衡理论是年度预算平衡理论的延伸。20 世纪 30 年代之前，西方国家预算编制的理论依据与原则依据主要是年度预算平衡理论。年度预算平衡理论是在亚当·斯密的古典经济经济学基础上发展起来，资本主义自由竞争时期，古典经济学派认为“廉价的政府”应主要发挥“守夜人”的角色，反对政府干预经济，在政府预算的管理方面，也强调政府应以“以收定支”，根据自身收入能力安排支出，每年度预算的编制都应以年度预算平衡为标准，不允许政府设立财政赤字。古典经济学家萨伊（1803）曾指出，“政府应尽可能花最少的钱办事，而民众最好应承担最轻的赋税”，并强调政府应减少发行政府债券，与私人部门不同，政府无法通过生产给予偿债保障，而公债的发行也会挤出私人部门的支出，对经济产生不利的影响。年度预算平衡理论所强调的是“小政府”的概念，要求政府尽可能减少开支，节约成本，预算规模越小越好，应不以突破年度预算收入为限，“以收定支”，减少政府发债规模，这种理论主导了近一个多世纪的西方国家发展，而伴随资本主义经济危机的到来，年度预算平衡的弊病开始逐渐显现，催生了周期性平衡理论。

周期性预算平衡论又称为“周期财政平衡”论，是与现代市场经济相适应的预算原则，也是与“年度预算平衡”论相对应，主张财政应发挥“相机抉择”逆经济周期调节的重要理论。该理论认为，市场失灵的重要表现在于市场无法调控市场需求的有效不足，而政府的首要任务是应尽可能保证经济的增长和充分就业，因此，需要发挥政府宏观调控职能，通过政府积极财政政策的发挥，推动市场需求的扩大，从而实现国民经济的供求平衡，促进经济的平稳、可持续运行。周期性平衡理论的来源基础是凯恩斯经济学，根据凯恩斯经济学理论，政府能够弥补“市场失灵”现象，通过财政政策与货币政策以调节经济，但财政政策较于货币政策更为有效，通过扩张或收缩性的财政政策调节财政收支赤字或盈余，以实现财政周期性平衡，进而促进经济增长与充分就业目标的实现。具体来看，在经济衰退期，为了抑制通货紧缩，政府应减收增支，实行赤字财政政策；在经济过热时期，为抑制通货膨胀，政府应增收减支，实行盈余财政政策。虽然某些年份财政出现赤字或盈余，但从整个经济周期来看，只要繁荣时期的盈余可以抵消衰退时期的赤字，就可以实现跨年度周期预算平衡。周期预算平衡理论体现了经济非均衡状态下的动态平衡，但这种理论实行的前提条件是经济周期一定是对称的。即繁荣时期的盈余正好等于在衰退时期为刺激经济复苏所出现的赤字，但这种情况是极少出现的。这也是周期预算平衡理论存在的不足之处。

但是，周期性预算平衡理论的提出，一定程度上加强了预算与经济的紧密联系。其所提出的中期预算框架和公共财政管理的相融合概念，有效地克服了短视化、保守和狭隘的年度预算缺点。实践表明，一般的公共基础设施等公共项目实施周期需要数年，从投入到产出环节，都需要配合财政支出给予合理规划，而年度预算仅限于年度周期，往往易忽视长远成本与收益，即便年度预算不断地在改进修正方式，但难以突破需求变化而支出模式不变的弊端。因此，基于周期性平衡理论，中期预算框架以一种支出优先权为指导，在预算支出框架下，宏观经济目标、财政目标与预算约束得到有机衔接与融合，各项财政资金的分配将兼顾考虑支出优先权与支出限额，以及注重考查公共物品与公共服务的产出最大化与成本最小化，即资金的有效分配将按照所有支出项目的产出排序，技术的有效追求则以最小化的投入获得最大产出，并通过预算绩效管理的方式实现资金的有效分配与技术的有效追求。据 OECD 统计，全世界已近三分之二的国家开展了中期预算管理框架。

2.2.3 公共选择理论

公共选择理论是政府管理中引入经济学分析方法，提出政府在长期施政过程中存在的预算膨胀与效率低下等“政府失灵”行为，其原因主要是政府运行与预算程序的“失灵”从而导致的困境。政府作为独立的社会个体，其本身的机构管理者也是追求自身利益和利己行为的经纪人，现有的预算制度忽视了政府作为单个个体无法一心为公的运行状态，其本质是政府官僚利益与公众利益的矛盾与冲突，而这种冲突无法用传统的公共管理理论予以解决。因此，基于公共管理理论，公共选择理论克服了将政治因素排除在外的传统预算理论的固有缺陷，而强调应将政府作为单个个体的行为与制度因素纳入预算决策分析框架之中，将预算决策中存在的问题研究得更为全面、透彻，将政府个体行为与预算决策实现有机结合，公共选择理论所强调通过财政分权、部门竞争与财政信息透明，不仅有助于政府部门利益间的分化与上级部门的管理提供新思路，也为公众层面更为公正、公平监督政府运行机制提供了重要方法。同时公共选择理论将预算决策与部门利益的结合，“以结果和目标管理”导向为特征，正是公共选择理论所提出的与私人部门竞争理论相融合的关键点，与预算绩效管理改革的发展有着内在、紧密的逻辑联系，推动了预算绩效管理在内的政府改革的深入发展。

综上所述，基于公共选择理论，对政府“越位”和“缺位”等失灵问题的深入探究，提出了引入经济分析方法对预算行为与决策的改变，解决了传统支出控制性预算无法实现的因缺少激励机制而导致的政府与公众利益不均衡而产生的矛盾与冲突，以结果为导向的预算绩效管理的进一步提出，通过可衡量性、代表性指标体系的构建，衍生出既可以满足公众所需公共产品的提供，又可以产生具备激励约束作用的契约关系的实现。同时，该理论通过加强预算的公开透明方法，解决了因公共产品提供与购买双方的信息不对称造成的“官僚利益最大化”问题；实践中，该方法也被广泛应用于推进公开透明的预算报告过程中，对于符合公共产品购买者与使用者的意愿起到了重要作用，中期预算框架下的预算绩效管理不仅公开中长期的预算报告，同时通过绩效报告披露年度与多年度绩效信息，提高预算透明度，体现了公民满意度在预算分配中的重要地位。从某种意义上来说，预算绩效管理改革是将公共选择机制引入政府预算管理之中。

2.2.4 委托代理理论

委托代理理论强调，政府失灵的原因主要缘由是：信息不对称与激励不相容。在政府机构框架中，预算部门作为政府发挥各种职能的部门，负责财政预算资金的受托管理与使用，可看作是政府财政资源的分配重点管理机构以及公众资源管理的受托代理人，而社会公众则可看作是委托人。在政府部门与公众之间，由于公共产品的提供主要由政府受托人负责，在公共产品成本信息不对称的情况下，公众相对处于弱势地位，而对于受托人而言却是相对独立的利益主体，因此会基于利益原则争取更多预算资源。此前提下就可能产生预算部门资源分配不均乃至社会分配财政资源的不合理问题，甚至会出现违背委托人意愿与利益的问题。其主要原因在于财政预算资金分配到各部门而产生多重委托关系，就会产生较多的利益分割，而预算制度的设计则是为了更好地解决多重委托利益下不合理的财政资源分配问题，同时通过完善的预算流程设计，对财政资金受托行为进行激励问责与监督，缓解财政资源在委托代理过程中的相关问题。

中期预算与预算绩效管理的有效结合是预算制度设计规避委托代理中相关问题的有效途径。其中，中期预算框架下的预算绩效管理通过四个途径有效地解决了委托代理方式下存在的问题：一是加强财政预算资源的公开透明，减轻委托人与代理人信息不对称问题；委托代理理论强调，通过定期或不定期地面向财政部门、职能部门与社会公众公布年度绩效报告与中长期预算、绩效报告，可显著缓解信息不对称问题，提高其他部门与社会公众对代理人机会主义行为予以制约监督的能力。二是建立激励与问责机制，委托代理理论认为，政府机构负责人及部门人员未能充分发挥自身的职能优势，甚至产生利己的机会主义行为，重点原因在于作为理性人，也存在满足自身效益与效用最大化的愿望，因此需要激励机制去满足其效益，同时还需要问责机制予以制约其不规范的行为。而预算绩效管理强调“结果导向”，突出“绩效”评价，建立激励问责机制，其实际上引导委托人在财政资金使用合规合法的前提下，还要给予其利益的满足，一方面满足其自身作为代理人存在的利益问题，另一方面还要以此为激励，更好地实现符合公众需要的绩效。三是部门竞争机制的引入，完善部门作为二级受托代理人利益的再分配机制。委托代理理论提出，政府整体作为一级代理人，政府的各预算部门可看作为二级代理人，对于财政资源如何在部门间进行分配，实际上是不同的预算部门间作为代理人的利益再博弈。而预算绩效管理以“绩效”入手，引入市场化的竞争机制，一方面赋予政府整体机构通过绩效评价对财政资源再分配，另一方面通过公众监督评判，即赋予公民对公共产品或服务更多的选择权，促使预算制度进一步改进完善。除此之外，竞争机制的引入，也为公共产品的真实成本提供了更好的衡量途径，结合政府部门采购制度的完善，可以为财政资金的灵活分配、受理成本的降低，以及更好地提升公共服务生产质量与效率，以保证公共利益的实现，而这些都是与委托代理理论政策要求完全相吻合。四是建立中长期预算管理模式，实现对受托代理人的中长期约束监督机制。

2.3 中期预算和年度预算框架下的预算绩效管理

2.3.1 中期与年度预算框架下预算绩效管理的联系

通过预算前置于前后连续、统筹一致、约束有力的中期宏观经济框架中，可以帮助政府部门通过长远视角与预期实践结合考虑问题，有利于将眼前利益与未来利益统筹结合。第一，年度预算是中期预算的基础，中期预算框架下的预算绩效管理是基于完整的年度框架下的预算绩效管理开展的，年度预算绩效管理的开展对预算编制起决定性作用，而中期预算框架下的预算绩效管理是在年度预算绩效管理的基础之上，实现充分权衡预见未来年度的财政收支行为，以弥补年度预算框架下可能产生的短视、考虑不全面的问题，同时，也充分考虑预算支出的中长期完整绩效，进一步优化整体的资源配置效率，提高资金使用效益。第二，中期预算框架下的预算绩效管理具有更强的约束力，传统年度预算具有法定的约束力，而中期预算是在年度预算基础上加强了原有约束力，具体表现在通过统筹规划中长期资源，规定一定周期内的限额，约束年度预算要在法定的中长期限额内使用，也为中长期的支出结构优化提供可操作的基础。第三，中期预算框架下的预算绩效管理建立了年度与中长期完整的预算绩效管理体系，为年度与中长期的财政资源战略配置提供了更为科学、有效的衡量方法。

2.3.2 中期与年度预算框架下预算绩效管理的区别

中期与年度预算框架下的预算绩效管理存在明显的区别。区别重点表现在：中期预算框架的突出优点是具有较强的综合功能，它基于中期视角下，以一国或地区的中长期经济与社会发展规划为基础，强调中期与年度财政政策目标的结合为导向，采用年度预算与中期预算的预算管理方式，通过设置与完成中期财政绩效总目标与分年度目标为核心，进而将政策、规划与预算置于统一的范畴与框架中，实现整体公共资源科学、高效和合理的分配。较于年度预算绩效管理，中长期要求下所呈现的政府预算、部门预算与项目支出预算的评估绩效将更为完整。实践层面具体来看，首先，中期与年度预算框架下预算绩效管理的运行周期不同。年度预算主要是对政府一年期的预算绩效情况予以评估，并将评价结果应用于下一年预算，一般仅适用于短期、规模较小的预算项目。中期预算框架下的预算绩效管理实施周期一般为3—5年，强调的是中长期完整的预算绩效管理。其次，中期与年度预算框架下开展的评价范围存在较大差异。时间跨度方面，中期预算框架下，项目构成多为跨年度预算项目；资源总量规模方面，无论是资源总量或体量方面规模较大；资源的管理与战略结合方面，中期预算与国家整体战略、政府事业发展计划和政府预算有机结合；在开展监控周期方面，事中绩效跟踪的事项周期较长且范围更广。而这些差异的存在，也注定了中期预算框架下开展预算绩效管理的优势，其不仅有利于年度预算绩效评价工作的开展，也有利于衡量、持续跟踪跨年度财政资金使用情况与成效，解决了因周期较短而无法实现全面、完整评估财政绩效的不足，缓解了因大型公共基础设施类等部分预算项目长期内绩效无法有效衡量的困境。再次，对财政资源分配的影响不同。中期预算框架下，跨年度、持续跟踪项目绩效是其强调的重点，根据定期或不定期的项目跟踪与考评，对项目预算实施滚动性管理，随时把握预算项目进展，不仅及时发现和解决预算项目中可能面临的问题，也直接提高了财政资金以及预算决策的效率；而年度框架下，其强调的是为下一年度预算决策服务，重点针对短期内项目，也就更为重点强调财政资源短期内的调配。

2.4 构建中期预算框架下预算绩效管理的必要性

综上所述，在资源配置效率、利用效益、使用约束等方面，中期预算框架下的预算绩效管理都具有较多优势。但也可以看出，中期预算框架与预算绩效管理的契合程度也更为突出，两者的目的均为在有限的财政资源条件下，合理控制支出、结果为导向，缓解财政收支矛盾，提高资源配置效率，进而提升公众对政府管理的认可与信任程度。同时，两种预算机制作用重点不同，利用不同手段和途径改善预算管理模式，约束资源总量，提高政府治理效能。两者的有机结合而产生的综合协同效应，将更有利于提高政府预算管理的效率。

2.4.1 提高政府治理效能和公共资源使用效益

理论与实践表明，中期预算与预算绩效管理协同衔接与推进，对于推进政府预算质量的提升，进一步提高政府行政管理效能具有重要作用。国外研究实证表明，中期预算框架下预算绩效管理的实施，有助于促进不同层级政府治理能力的提升[65]。

党的十九届四中全会中提出建立“以财政政策和货币政策为主要手段，就业、产业、投资、消费、区域等政策协同发力的宏观调控制度体系”，可以看出，财政政策所发挥的作用被提升到新高度，而预算资金的分配作为进一步落实财政政策的主要渠道，其对于财政发挥其在国家治理过程中的基础性作用，是不可替代的。为更好地符合财政在国家治理中重要地位的体现，财政资源也要从推动国家治理能力和治理体系现代化的角度出发，而财政资源作为各级政府部门发挥职能作用的重要支柱，能否实现中长期政府资源的有效利用，能否推进政府治理能力与水平的提升，还要依托于各项财政支出的实施效果与结果的有效性，重点以预算绩效评价管理为技术手段，对项目支出行为与支出政策进行调整、完善。中期预算框架下的预算绩效管理模式，一方面保证了年度公共预算资源的有效分配与合理运用，另一方面通过中期预算框架下的中期视角，确保了中长期财政资源设计的科学性、资金的合规性、安全性和有效性，也为各预算部门科学、准确制定政策提供重要依据；同时，为中长期财政政策提供内部约束控制，稳定、高效地实现政府政策目标，保障政府部门运作效率，为提高政府治理能力提供了重要的监督实施依据，也为进一步推进政府与国家治理能力现代化提供了重要支撑。

2.4.2 优化财政支出顺序和保障重点项目

中期预算与预算绩效管理的有效衔接为增进预算参与者之间的联系提供了重要渠道，通过较长时间跨度的收支预测、削减策略和绩效评价，能够加大幅度地改善支出结构和优化支出顺序，尤其对于调整公共支出政策的优先顺序，两者的结合提供了一个可操作的实践维度与资源保障途径。具体来看，中期预算框架的作用是保障预算规划更加重视部门重点支出，同时，协调和优化其他支出，充分发挥中期预算的前瞻性、整合性与策略性。中期预算框架下，政府预算部门制定预算需要满足两个条件：一是预算要与战略计划、中长期计划相符合，根据宏观规划制定和调整财政预期目标、策略；二是预算要设立中长期预期绩效目标和分年度绩效目标，构建绩效评估标准，根据进展的年度绩效信息，重点指导政府公共支出，结合中期规划的前提，以确定年度预算的具体资源分配与项目的优先支出顺序。可以看出，中长期战略规划的科学、合理制定，结合预算绩效管理的开展实施，有助于政府各预算部门根据中期计划，厘清项目的优先支配权，合理安排配置预算资源。

实践来看，近年来，我国经济增长实现了迅猛快速发展，发展过程中难免存在社会发展进度难以跟进经济增长速度，因此社会性的问题不断凸显，如公共服务非均等化、养老和生态环境问题，这些问题严重制约了社会经济的稳定、持续发展，尤其是十九大以来，我国的社会矛盾已转化为人民日益增长的美好生活需要和不平衡不充分发展之间的矛盾，政府如何通过充分发挥纳税人的“每一分钱”，满足公众享有均等公共服务的现实需求，进一步实现人民群众美好生活需要；政府如何利用财政支出更好地服务于人民，以实现“政府管钱袋子”回归到“管好政府钱袋子”的职能转变，都需要财政政策发挥基本作用。中期框架下的预算绩效管理就是确保政府支出设计的科学性，保障资金合规性、安全性和有效性的一种制度安排，从而为政府部门政策的科学性、精准性、效率性提供政策依据，进而实现财政政策的优化，达到政府促进解决不平衡、不充分问题等政策目标。

2.4.3 加强对潜在财政风险的认知与控制

中期预算与预算绩效管理都是预测和规避财政风险的制度性手段。一直以来，财政风险都是国家重点关注的风险问题，因为如财政风险处理不当有可能引起经济的重大危机。实践来看，2003 年以来伴随国家经济的快速增长，社会财富的不断聚集，财政收支规模日益扩大，地方性融资平台的兴起，造成了地方政府债务规模的扩大，潜在财政风险日益增加。2018 年之后，全球经济下行，国家减税降费规模的扩大，都对财政收支规模产生较明显的影响。不同时期虽面临的形势存在差异，但难以避免财政的“过热过冷”可能造成的潜在财政风险的产生。具体来看，经济快速增长时期，财政资金与宏观经济的密切正向关系，推动着财政资金规模的不断扩大，而资本缺乏内在约束，导致财政资金消耗过快，潜在风险集聚；经济增速下行阶段，经济降温，财政收入增速受影响出现下滑，支出规模到达一定程度下降难度加大，进一步加大了财政收支压力，加剧了财政风险的产生。其产生问题的原因在于当前不确定增多，而缺乏应对不确定性的手段，具体来说：

第一，缺乏完善的中长期预测体系，面对重大、重点类的公共工程类项目资金无法在一个相对较长的规划中通盘考虑，也就难以区分各项目的轻重缓急程度，也就无法保证所投项目对于资金需求的紧迫性，就有可能产生未来预算中资本项目支出对经营项目的支出挤占行为，从而加大了引发财政风险的可能。第二，中长期财政计划的缺失，不利于中长期债务资源的配置。伴随经济下行要求政府财政政策的宏观调控，我国政府近年来发行了大量的一般债券和专项债券，也导致了地方政府债务压力的持续加大。据统计，这些债务将在2020—2024年内陆续到期并还本付息，如继续缺乏完整、科学的中期预算与预算绩效管理有效结合，在经济下行政府极力拉动经济增长的状况下，就很难避免债务规模的进一步扩大，以及扩大后所可能造成的财政冲击，债务的叠加还本付息压力加大以及债务高峰的来临，都会不利于财政的稳定、持续发展。第三，近年来，我国老龄化问题日趋突出，养老、社会保障问题成为影响社会发展的难点与重点。虽然一直以来我国中央财政资金规模的近30%投入到了社会保障领域，但老龄人口规模的递增速度要明显快于经济增长及社保投入的增速，仅依靠传统社保基金收入与财政投入等方式可能难以弥补老龄化社保资金的巨大缺口。爱尔兰作为人口老龄化较为严重的国家，为应对此问题，国家推出的中期预算改革方案，对老龄化问题所需的社会保障的中长期规划思路与解决方案提供了制度借鉴，也说明了中期预算框架下对于关注民生问题的支出预算绩效管理开展实施的重要性，通过中期预算与预算绩效管理工具的衔接，一定程度可以调节和控制未来可能发生的财政风险。

2.4.4 提高程序性能，强化内部绩效控制

中期预算框架下的预算绩效管理的实施有助于政府机构公共支出管理能力的提升与改进。总额财政纪律、战略优先性的资源配置效率和运作效率，是公共支出管理改革的重点，也是中期预算框架下预算绩效管理重点改进完善的三个方面，具体通过在一定时期内对政府的支出限额给予界定，结合预算绩效管理，设立中期绩效目标、分年度绩效目标对财政资金的支出纪律予以约束；同时，中期视角下，以优先配置重点、重大战略性规划项目为基础，不仅缓解了年度项目资金分配给预算部门带来的困扰，也一定程度上提升了资金分配的效率与使用效果。中期预算引入预算绩效管理改革，两者是相辅相成、互为提升的关系，而这种关系可有效地促进

预算项目在中期情景下，具备更为细致与持续管理的设计要求，从而推进了预算程序性能的提升。

此外，中期预算框架下的预算绩效管理改革，本质上也是对各政府预算部门政策行为内部控制的加强，或者说是一种强化约束机制，通过中长期绩效目标的衔接产生的内部控制或约束，促使财政支出政策的相关主体在执政期间，始终面临着其指导支出政策行为所带来政策绩效考评压力，迫使其在进行任一预算政策决策、执行、再决策、再执行等各个阶段，都能严格按照规定的运行程序和方式开展工作。与此同时，中期预算框架下的财政支出绩效评价通过各年度及时对政策目标、政策实施效果进行分析和评价，对于中长期政府部门提高运行管理效率具有重要的督促作用，具体体现在：一方面，年度内对政策目标与实施效果的分析评价，进而及时纠正政策目标偏差和政策执行偏差，从而提高政策有效性和精准度，避免各项政策实施的盲目性和分散化。另一方面，通过对中长期政策方案、执行效果的全面系统分析和科学合理评价，为中长期政策制定、调整、修正、延续和终止提供依据，以促使政府部门提高运作效率，保障政府总绩效目标的实现。

第三章　中期预算框架下的预算绩效管理改革的现实考察

3.1 中期预算与预算绩效管理改革的现状分析

3.1.1 中期预算改革发展演变及现状

目前，虽然我国未全面引入中期预算，但以“中期视角”的理念已开始逐步融入我国的财政管理系统之中，当前我国开展中期预算的主要形式为中期财政规划。实践中，自“六五”时期开始，我国中期财政规划编制工作就已初见雏形，当时，结合国民经济与社会发展规划纲要，财政部门就开始编制财政发展五年规划。此后，中期财政规划的编制为中期预算的逐步规范与完善奠定了重要的基础。经过分类与梳理，我国中期预算的发展可分为几个阶段。

1. 初步探索阶段

1998 年，亚洲金融危机爆发，全球经济受到很大程度波及，为充分发挥财政在宏观调控中的政策职能，缓解因金融危机造成的经济损失影响，以及配合同期国民经济与社会发展规划的编制，财政部开始编制 1998—2002 年五年国民财政发展规划。之后，为规避预测技术能力的有限和避免周期过长加大财政预算的调整难度，财政部门将国民财政发展规划的时间由五年调整为三年规划，相继编制了《2003—2005 年 /2004—2007 年国家财政滚动计划》，同时组织北京、贵州等地开展了为期三年的地方财政滚动发展计划。整体来看，此阶段所制定的财政发展计划重点客观分析了同阶段的经济走势与财政收支变化等指标，指导了未来三年的财政预算编制工作。

2005 年，财政部门制定的《全国财政发展第十一个五年规划》，首次明确提出“中央与地方编制三年财政规划”，规划虽与规范性的中期预算存在较大差距，但其提出的对前期财政发展规划的总结与评价，下一个规划时期经济形势展望、财政收支总量预测等内容，一定程度上推进了财政规划与宏观经济规划的连接，为中期预算引入奠定了技术与实践基础。为更好地推进中期预算工作的开展，2008 年 11 月，财政部召开中期预算框架研讨会，对中期预算实施开展的一系列问题进行了研讨，就如何开展中期预算与年度预算的内容和程序衔接进行了研究。

2008 年，为尝试促进中期预算在地方政府层面推开，财政部选取了河北省、河南省焦作市、安徽省芜湖县开展了“一省一市一县”的中期滚动预算试点工作。2008 年起，河北省利用三年特色实践，经过试点起步、扩大试点和普遍实施三个阶段，率先下发三年滚动预算编制工作的实施意见，试点范围从先期选择的水利厅、卫生厅等 15 家省级预算部门扩展到省级所有分管发展性支出部门，逐步建立起覆盖省级财政发展性支出的三年滚动预算体系。2009 年河南省焦作市作为全国唯一开始中期预算试点的地级市，形成了由地方市委、财政部门牵头，33 家承担市委中心较重任务的市级政府部门联合，共同开展的中期预算编制试点工作，预算项目涵盖了关系全市经济发展影响最为明显、改善民生重点支出的所有项目，资金来源覆盖一般公共预算收入、基金性预算收入和债务预算收入。同年 11 月，安徽省芜湖市芜湖县制定了三年期财政预算编制工作的实施意见，明确要求根据县级经济社会发展中长期规划和部门事业发展工作要求；试点阶段，规划三年滚动预算的部门由 16 个部门扩大到 30 个，2011 年，县级所有部门全面实施制定 2011 至 2014 年部门三年滚动预算。

与此同时，部分地区也逐步开展中期预算管理工作。如 2013 年，上海市首次提出开展中期预算管理体制试点，在闵行区等区县层面的重要财政领域开展了中期预算试点，2014 年，上海市中期预算管理改革试点扩大到全市所有区县。同年，河南省印发《河南省省级中期财政规划编制工作方案》，基于年度预算编制和“近详远略”原则，统筹考虑三年期本级政府财力与支出需求，以详尽编制第一年度预算基础，同步编制后两年各预算部门收支计划。此外，2014 年，四川省首次提出编制 2016—2018 年省级三年滚动计划。

2. 全国性推进阶段

在中央级部门和地方政府部门试点研究基础上，2013 年党的十八届三中全会提出“建立跨年度预算平衡机制”，至此标志着全国范围内推开中期预算的基础规划，随后，伴随中期预算相关政策的密集出台，以“中期财政规划管理”的预算管理体制改革开始实施。

2014 年，地方预算执行报告草案中，明确提出将“实行中期财政规划管理”作为当年财税改革工作重点，指出“根据国家中长期发展规划和宏观调控需要，确定中期财政政策，研究编制三年财政规划，对规划期内一些重大改革、重要政策和重大项目，研究政策目标、运行机制、评价办法，并强化其对年度预算的约束，提高财政政策的综合性、前瞻性和可持续性”。同年 9 月，国务院印发的《国务院关于深化预算管理制度改革的决定》（国发〔2014〕45 号）指出：“实行中期财政规划管理。财政部门会同各部门研究编制三年滚动财政规划，对未来三年重大财政收支情况进行分析预测，对规划期内一些重大改革、重要政策和重大项目，研究政策目标、运行机制和评价办法。中期财政规划要与国民经济和社会发展规划纲要及国家宏观调控政策相衔接。强化三年滚动财政规划对年度预算的约束。推进部门编制三年滚动规划，加强项目库管理，健全项目预算审核机制。提高财政预算的统筹能力，各部门规划中涉及财政政策和资金支持的，要与三年滚动财政规划相衔接。”同年 12 月，中央经济工作会议通过的《决议》指出，“实施跨年度预算制度，提高财政资金使用效率；建立年度预算中期调整机制”。

3. 全面推广阶段

经过十余年的研究、试点和规划之后，2014 年国务院常务会提出，在中央级部门率先开展三年滚动预算试点，部门覆盖义务教育、社保、环保等 13 个领域，覆盖范围更为全面与广泛。此次会议的召开，明确将中期预算从财政部门的规划行为推广到中央级部门层面，逐步渗透到各项功能性支出，预示着中期预算的实施进入全面发展阶段。根据 2015 年《预算法》提出的“各级政府建立跨年度预算平衡机制”，以及《国务院关于深化预算管理制度改革的决定》（国发［2014］45 号）以及《国务院关于实行中期财政规划管理的意见》（国发［2015］3 号）等文件的要求，2015 年开始，我国正式开始建立跨年度预算平衡机制，全面实施中期财政规划。

3.1.2 预算绩效管理改革发展演变及现状

从我国实施预算绩效管理的政策演进路径来看，预算绩效管理改革最早表现为公共支出绩效考评制度的建立，2000 年以来，伴随我国财政体制改革的逐步深入，公众对政府财政支出效益日益关注，为提高财政支出的使用效益与效果，我国开始逐步探索建立政府公共支出绩效评价制度，将其作为政府预算管理制度改革的一项重要内容，预算绩效管理改革也由此拉开了序幕。

3.1.2.1 预算绩效管理的改革背景

传统的财政预算分配制度是在计划经济体制基础上建立起来，带有浓厚的计划经济色彩，在市场经济日益成熟的条件下，其制度缺陷表现得越来越明显。这是因为，传统预算关注的核心是重分配，重点强调预算资金的分配是否符合规则与程序，即预算资金分配主要强调合规与合法而忽视了资金使用的是否高效；同时，政府机构与预算部门支出控制方面，往往强调过程控制，将支出控制重点落脚于资金使用规则的遵守，而忽视了资金使用结果的低效。

具体来看，传统采用预算分配机制的不足表现在：一是财政资金分配的科学性不足。传统财政资金分配程序是单位报项目，财政部门对项目进行审核调整，再由政府部门审批后，财政下拨资金。这些环节都存在博弈与潜规则，这种财政资金分配的不科学代表着政府决策的不科学，直接导致政府资源的浪费。二是财政工作重点不够突出。财政部门将大量时间和精力用于搞收入和搞分配，忽视了对支出的管理，最终陷入收入增加、支出膨胀、分配难做、管理混乱的恶性循环。三是项目预算管理不规范，资金使用效益不高。对于预算资金使用单位而言，预算立项的目的更为准确地说是瞄准争取财政资金，因此，就会造成部门忽视对立项的可行性论证，进而导致某些项目综合效益不高，中途搁置或改变用途，缺乏财政资金自我约束机制，增加反腐倡廉难度。

基于预算分配制度存在的缺陷，我国开始逐步通过推动预算绩效管理体制改革以解决预算分配制度困境，但在实施过程中发现，财政绩效管理过程中长期存在的“重收入轻支出，重资金轻资产，重分配轻管理，重投入轻效益”问题需彻底改变还有待时日。一直以来，财政资金绩效评价关注点主要强调资金的使用效率，包括对财政资金使用合规性、使用进度管理以及结余超支情况，但却忽视了财政资金的使用效果，如经济效益、社会效益，甚至生态环境效益，这不利于财政资金效益的最大化及推动经济可持续发展作用的发挥；缺乏绩效预算指标体系的完整性和准确性建设，也不利于资金流向效率高、亟待发展和亟需资金的领域；同时，在长期发展过程中，部分项目或部门资金使用进度与计划不符、资金结余量较大等问题造成了财政资金的闲置和不必要的浪费，部分财政专项资金也存在使用过程中的不合规现象，如经费的不合理列支，资金支出进度与计划不符，资金使用和预算存在差异、财政资金大量结余，甚至改变资金使用方向等，这些问题均迫切要求构建合理有效的财政绩效管理机制，加强预算绩效管理，充分发挥财政资金的最大使用效益。从财政改革趋势来看，前期国家推动进行的以政府预算、国库集中收付和政府采购管理等为代表的三大财政改革，更多的是从形式上完善了预算制度，但对于预算绩效管理的内容和实质上还有待向纵深发展，因此，科学设立绩效目标、提高预算编制能力、增强预算编制的约束性仍是当前预算制度改革的核心。

3.1.2.2 预算绩效管理改革的政策演变

1. 财政部前期准备和试点阶段

21 世纪初绩效预算理念逐渐被我国引入。2000 年开始，我国率先在福建、湖南、河北等地开展了小规模支出绩效评价试点工作。2002 年，中央级各部门着手试点项目支出绩效评价，从最初的教科文领域逐步扩展到行政、农业、经济建设与社会保障等公共支出范围。2003 年，财政部颁布了《中央级教科文部门项目绩效考评管理试行办法》，同年，十六届三中全会提出建立“预算绩效评价体系”，标志着我国开始从分散化预算绩效管理工作的开展到实现统一部署和正式列入改革议程。为更好地推进支出绩效评价在中央级单位工作的开展，财政部先后针对教科文部门、政府投资项目预算等支出绩效评价行为出台了一系列考评管理办法。总体来看，这一阶段预算绩效管理工作仍处于起步阶段，中央和地方层面支出绩效评价工作的开展较为分散，尚未制定统一的制度规范；同时实施范围局限于项目支出，评价指标体系设计不尽合理，评价标的不够明确。

表 3–1　预算绩效管理改革初探阶段的政策文件及主要内容

编号	政策文件	主要内容	出台部门	出台时间
1	关于《中央级教科文部门项目绩效考评管理试行办法》	确定教科文项目绩效考评主体、范围、主要依据、考评内容、组织实施、结果应用，以及相关考评规范。	财政部、教育部	2003.04.21
2	关于印发《中央级行政经费项目支出绩效考评管理办法（试行）》的通知	确定行政经费支出项目绩效考评主体、范围、主要依据、考评内容、组织实施、结果应用，以及相关考评规范。	财政部	2003.09.30
3	十六届三中全会关于《中共中央关于完善社会主义市场经济体制若干问题的决定》	首次提出“建立预算绩效评价体系”。	中共中央国务院	2003.10.14
4	《中央级农口部门项目支出绩效考评管理试行办法》	确定农口部门项目支出绩效考评主体、范围、主要依据、考评内容、组织实施、结果应用，以及相关考评规范。	财政部、农业部	2004.09.30
5	中央经济建设部门项目绩效考评管理办法（试行）	中央经济建设部门项目考评的主要依据、内容、考核指标、考评方法、组织实施、结果应用	财政部	2004.10.18
6	中央经济建设部门 部门预算绩效考评管理办法	部门绩效考评主要依据、部门绩效考评的对象、内容和指标、部门绩效考评的方法、部门绩效考评的组织实施和考评结果的应用。	财政部	2004.11.09
7	《关于开展中央政府投资项目预算绩效评价工作的指导意见》	对中央政府投资项目预算绩效评价工作的主体、部门职责、工作原则，绩效评价体系的内容、指标体系建设、绩效评价的实现方式、报告形式、结果应用给予明确规定。	财政部	2004.12.23

数据来源：根据北大法宝相关文件总结

2. 预算绩效评价的统一推进阶段

2005 年，财政部出台了《中央部门预算支出绩效考评管理办法（试行）》，对中央级预算部门实施预算绩效评价的组织管理体系、评价主体、评价对象以及评价方法，为广泛推广预算支出绩效评价管理提供了制度保障。2006 年开始，新闻出版总署、农业部和水利部等部门逐步被纳入中央部门全面预算绩效评价改革的试点单位，2009 年 6 月，财政部印发《财政支出绩效评价管理暂行办法》要求各省（市）、自治区、所有财政部门和各级预算部门全面开展财政支出绩效管理。2005 年至 2009 年年末，财政部门和相关部门推进预算绩效评价的相关文件达十多条，从中央级各部门到地方财政部门层面，预算绩效评价到结果应用环节，均提出了较为完善的相关建议，与此同时，预算绩效管理改革进程也开始进一步加快。

表 3–2　预算绩效评价统一推进阶段相关文件

编号	政策文件	主要内容	出台部门	出台时间
1	关于印发《中央部门预算支出绩效考评管理办法（试行）》的通知	部门预算支出绩效考评范围、原则、基本依据、内容和方法、指标、组织管理、工作程序、结果的应用	财政部	2005.05.25
2	关于印发《中央级教科文部门项目绩效考评管理办法》的通知	中央级教科文部门项目绩效考评界定、范围、原则、主要依据、考评内容、组织实施、考评结果应用	财政部	2005.09.09
3	关于印发《缓解县乡财政困难工作绩效评价暂行办法》的通知	制定缓解县乡财政困难绩效工作评价办法的原则、绩效评价方法、考核程序与奖罚等	财政部	2005.09.17
4	关于印发《中央部门预算支出绩效考评实施细则（试行）》的通知	绩效考评的目的、总体原则、实施的工作要求、基本依据，绩效考评的对象、内容和方法，绩效考评的指标与等级评定，绩效考评的组织方式分类，绩效考评的工作程序、结果的应用	国家林业局	2007.01.11
5	关于印发交通预算项目绩效考评管理试点办法的通知 /	交通预算项目绩效考评原则、依据，绩效考评的组织与实施、基本程序、考评内容和考评指标、绩效考评方法、绩效考评结果的应用	交通部	2007.07.09
6	关于印发《中央级民口科技计划（基金）经费绩效考评管理暂行办法》的通知	中央级民口科技计划（基金）经费绩效考评的范围、主要内容、结果应用等。	财政部	2007.08.15
7	关于印发《外国政府贷款项目绩效评价暂行办法》及有关评价指标的通知	外国政府贷款项目绩效评价范围、主要内容、绩效评价组织实施与职责分工、绩效评价内容与方法、绩效评价指标、绩效评价程序、绩效评价结果与报告、绩效评价监督管理等。	财政部	2008.02.25

续表

编号	政策文件	主要内容	出台部门	出台时间
8	关于印发《公共卫生项目支出绩效考评暂行办法》的通知	公共卫生项目支出绩效考评原则、依据、绩效考评内容与方法、绩效考评指标、组织实施、结果应用	卫生部	2008.04.03
9	关于印发《国际金融组织项目绩效评价管理暂行办法》的通知	建立和完善国际金融组织贷款项目监测与评价体系，明确绩效评价工作遵循的原则、项目方式、绩效评价的基本依据、绩效评价的管理机构与职责、评价内容与评价方法、绩效评价的实施、评价结果的应用和工作责任与纪律	财政部	2008.04.21
10	关于印发《财政扶贫资金绩效考评试行办法》的通知（2008 修订）	财政扶贫资金绩效考评的目标、遵循原则、考评依据、指标依据考评内容、考评指标等	财政部、国务院扶贫办	2008.05.14
11	关于印发《财政支出绩效评价管理暂行办法》的通知	对财政支出绩效的评价主体、基本原则、绩效评价对象与内容、绩效目标设定与管理、绩效评价指标设计、评价标准和方法制定、绩效评价组织管理和工作程序、制定绩效报告和绩效评价报告、评价结果及其应用等进行规定	财政部	2009.06.22
12	关于进一步推进中央部门预算项目支出绩效评价试点工作的通知	中央部门预算项目支出绩效评价过程中中央与地方各部门职责、绩效评价工作程序、绩效评价内容体系、评价报告、结果公开应用	财政部	2009.10.26
13	关于进一步加强财政支农资金绩效考评工作的意见	明确加强财政支农资金绩效考评工作的重要性，建立健全财政支农资金绩效考评体系、绩效考评制度，合理确定绩效考评的内容及依据，建立健全绩效考评指标体系，健全绩效评价结果的运用机制，明确分工，建立健全分级考评机制	财政部	2009.12.02
14	关于印发《小型农田水利重点县建设资金绩效考评暂行办法》的通知	明确小型农田水利重点县建设资金绩效考评遵循的原则、依据和内容，组织实施，考评结果运用等	财政部、水利部	2009.12.28

数据来源：根据北大法宝相关文件总结

3. 全国性规划阶段

2011 年，随着国家财政收支规模的不断扩大，财政支出绩效评价改革进入全面推动阶段。4 月，财政部出台《财政支出绩效评价管理暂行办法》，为财政支出绩效考评工作开展奠定了重要基础。7月，财政部印发了《关于推进预算绩效管理指导意见》，指出“预算绩效管理是一种以支出结果为导向的预算管理模式”，“逐步建立预算编制有目标、预算执行有监控、预算完成有评价、评价结果有反馈、反馈结果有应用的预算绩效管理机制”。8月，财政部出台《绩效评价工作考核暂行办法》，首次提出要逐步推动建立“全过程”的预算绩效管理体系。9月，财政部印发《预算绩效管理工作规划（2012–2015）》提出“建立一个机制”“完善两个体系”“健全三个智库”和“实施四项工程”体系。2014年8月，新修订的《预算法》中，首次以法律形式明确了加强国家公共财政预算收支中的绩效管理要求，突出“全过程绩效管理、绩效目标管理、结果应用管理和人大代表参与式管理”四大特征，为中国预算绩效管理改革的推进奠定了重要法律制度基础。2015年发布了《中央部门预算绩效目标管理办法》《关于加强和改进中央部门项目支出预算管理的通知》《关于加强中央部门预算评审工作的通知》，2016年发布了《关于开展2016年度中央部门项目支出绩效目标执行监控试点工作的通知》《关于开展中央部门项目支出绩效自评工作的通知》，中央部门层面，科技部、水利部、农业农村部和环境保护部等中央部门相继颁布了《中央级科研事业单位绩效评价暂行办法》《中央财政水利发展资金绩效管理暂行办法》《林业改革发展资金预算绩效管理暂行办法》《水污染防治专项资金绩效评价办法》。

表3–3　推进预算绩效管理常态化发展阶段的主要政策文件

编号	政策文件	主要内容	出台部门	出台时间
1	关于印发《中央财政林业科技推广示范资金绩效评价暂行办法》的通知	规定中央财政林业科技推广示范资金绩效评价指标、依据、方法和结果应用等	财政部、国家林业局	2011.01.26
2	关于印发《财政支出绩效评价管理暂行办法》的通知（2011修订）	明确绩效评价遵循的基本原则、主要依据、评价对象和内容、绩效目标、评价指标、标准和方法、组织管理和工作程序、评价报告等	财政部	2011.04.02
3	关于印发《中小河流治理财政专项资金绩效评价暂行办法》的通知	规定中小河流治理财政专项资金绩效评价主体、原则、依据和内容、评价程序、结果运用等	财政部、水利部	2011.05.30

续表

编号	政策文件	主要内容	出台部门	出台时间
4	关于印发《国家农业综合开发项目资金绩效评价办法（试行）》的通知（2011 修订）	明确国家农业综合开发项目资金绩效评价主体、原则、依据和方法、评价指标和评价结果	国家农业综合开发办公室	2011.07.14
5	关于印发《中央财政现代农业生产发展资金绩效评价办法》的通知（2011 修订）	明确财政现代农业生产发展资金绩效评价的原则、组织实施、依据和内容、方法与结果运用	财政部	2011.09.14
6	关于印发《国家林业局中央部门预算支出绩效评价管理暂行办法》的通知	明确国家林业局中央部门预算支出绩效评价遵循的原则、对象和内容、绩效目标、评价指标、标准和方法、组织管理和工作程序、评价报告等	国家林业局	2011.11.14
7	关于印发《中药材扶持项目财政支出绩效评价实施办法》的通知	明确中药材扶持项目财政支出绩效评价的原则、组织实施、依据和内容、方法与结果运用	工业和信息化部	2011.11.21
8	关于印发《农业财政项目绩效评价规范》和《农业部财政项目绩效评价工作规程（试行）》的通知	农业财政项目绩效评价的工作规范、技术规范、行为规范、评价成果应用	农业部办公厅	2012.01.11
9	关于开展就业专项资金绩效评价试点工作有关问题的通知	就业专项资金绩效评价的主要内容和基本原则、指标体系、评价流程与方法	财政部、人力资源社会保障部	2012.04.06
10	关于印发地质调查项目财政支出绩效评价办法（试行）的通知	明确地质调查项目的财政支出绩效评价对象与内容、工作程序与管理、评价等级及应用。	中国地质调查局	2012.09.18
11	关于印发《中央财政草原生态保护补助奖励资金绩效评价办法》的通知	明确中央财政草原生态保护补助奖励资金绩效评价遵循原则、组织实施分工、评价依据与内容、评价方法与结果运用	财政部、农业部	2012.11.14
12	关于印发《中央财政现代农业生产发展资金绩效评价办法》的通知（2013 修订）	明确中央财政现代农业生产发展资金遵循原则、组织实施分工、评价依据与内容、评价结果运用	财政部	2013.01.06
13	关于印发《国际金融组织贷款赠款项目绩效评价管理办法》的通知（2013 修订）	国际金融组织贷款赠款项目绩效评价遵循的基本原则，主要内容、管理管理机构与职责、评价对象和内容、组织和实施、评价结果应用	财政部	2013.02.18

续表

编号	政策文件	主要内容	出台部门	出台时间
14	关于印发《江河湖泊生态环境保护项目资金绩效评价暂行办法》的通知	江河湖泊生态环境保护项目资金绩效目标与评价指标设置、评价组织实施、评价结果反馈与应用等	财政部、环境保护部	2014.11.14
15	关于印发《城镇保障性安居工程财政资金绩效评价暂行办法》的通知	城镇保障性安居工程财政资金绩效评价遵循原则、评级依据和内容、组织实施程序、评价结果及应用	财政部、住房和城乡建设部	2015.02.25
16	关于印发《中央部门预算绩效目标管理办法》的通知	明确中央部门预算绩效目标设定的主体、指标设定、标准、依据、要求等	财政部	2015.05.21
17	办公厅关于印发《国家体育总局预算绩效管理工作规程》（试行）的通知	国家体育总局预算绩效管理工作的职责部门分工、绩效目标管理流程、运行监控流程、评价流程、评价结果反馈和应用流程	国家体育总局	2015.07.23
18	关于印发《中央对地方专项转移支付绩效目标管理暂行办法》的通知	专项转移支付绩效目标管理、设定、审核、下达、调整与应用	财政部	2015.09.29
19	关于印发城市管网专项资金绩效评价暂行办法的通知	城市管网专项资金绩效评价的主要内容、绩效目标管理等	财政部、住房城乡建设部	2016.03.24
20	关于印发《财政管理绩效考核与激励暂行办法》的通知	明确财政管理工作绩效考核与激励的目的、对象、内容和指标、评审程序、激励措施	财政部	2016.11.24
21	关于印发《林业改革发展资金预算绩效管理暂行办法》的通知	林业改革发展资金预算绩效管理遵循的原则、绩效目标与监控、评价与结果运用、组织实施	财政部、国家林业局	2016.12.09
22	关于印发《中央高校管理改革等绩效拨款管理办法》的通知	明确中央高校管理改革等绩效拨款分配、使用和管理遵循的原则和主要方法	财政部、教育部	2017.01.11
23	关于印发《城镇保障性安居工程财政资金绩效评价办法》的通知（2017 修订）	明确城镇保障性安居工程财政资金绩效评价依据和内容、组织实施、评价结果及应用	财政部、住房城乡建设部	2017.01.20
24	关于印发《水污染防治专项资金绩效评价办法》的通知	水污染防治专项资金绩效评价的主要依据、内容、工作原则、程序、结果应用	财政部、环境保护部	2017.03.03
25	关于印发《中央财政支持开展居家和社区养老服务改革试点工作绩效考核办法》的通知	明确居家养老服务的绩效评价办法、指标体系、评价标准、步骤	民政部、财政部	2017.03.28

续表

编号	政策文件	主要内容	出台部门	出台时间
26	关于印发《三峡后续工作专项资金绩效管理暂行办法》的通知	三峡后续资金绩效管理的责任主体、绩效目标设定，评价依据、内容和结果应用	财政部、国务院三峡工程建设委员会办公室	2017.04.16
27	关于印发《中央财政水利发展资金绩效管理暂行办法》的通知	水利发展资金绩效目标管理、绩效监控、绩效评价、评价结果运用等工作开展的主要内容	财政部、水利部	2017.04.18
28	关于印发《财政专项扶贫资金绩效评价办法》的通知（2017 修订）	财政扶贫专项资金的使用管理的目标、原则、依据、主体、方式和方法	财政部、国务院扶贫办	2017.09.08

数据来源：根据北大法宝相关文件总结

4. 拍板定调和全面推进阶段

2017 年，党的十九大报告明确提出“建立全面规范透明、标准科学、约束有力的预算制度，全面实施绩效管理”，为我国新时期拓展预算绩效管理改革指明了具体方向。2018 年 9 月，中共中央国务院颁布《关于全面实施预算绩效管理的意见》，提出“构建全方位预算绩效管理格局”，全面实施政府、预算部门（单位）、政府政策和项目支出的预算绩效管理体系；“建立全过程预算绩效管理链条”，建立绩效评估机制、绩效目标管理、绩效运行监控、绩效评价和结果应用一体化的预算绩效管理流程；“完善全覆盖预算绩效管理体系”，建立包括一般公共预算绩效管理在内的政府预算绩效管理体系；“健全预算绩效管理制度”，完善预算绩效管理流程，健全预算绩效标准体系；同时提出我国将全面建设成“全方位、全过程、全覆盖”的绩效管理体系。2018 年 11 月，财政部颁布了关于贯彻落实全面实施绩效预算管理的意见，对如何推进全面实施绩效预算管理的意见提出了指导性建议。同年，水利部、农业部等中央级部门制定了部门开展预算绩效管理的实施意见，之后，地方层面如北京市、广东省也印发了地方贯彻实施预算绩效管理的相关意见。

表 3–4　预算绩效管理全面实施阶段的主要政策文件

编号	政策文件	主要内容	出台部门	出台时间
1	十九大报告	“建立全面规范透明、标准科学、约束有力的预算制度，全面实施绩效管理”	十九次全国代表大会	2017.10.18
2	关于印发《中央级科研事业单位绩效评价暂行办法》	中央级科研事业单位绩效评价工作的职责分工、绩效目标制定、绩效评价的内容与指标、评价程序、结果运用和条件保障	科技部、财政部、人力资源社会保障部	2017.10.28
3	关于印发《2017 年全国基层农技推广体系改革与建设补助项目绩效考评实施方案》的通知	明确补助项目绩效考评的总体思路、基本原则、工作目标、组指实施、考评对象、方式、指标和流程等。	农业部办公厅	2017.12.08
4	关于印发《财政管理工作绩效考核与激励办法》的通知（2018 修改）	明确财政管理工作绩效考核与激励的目的、对象、内容和指标、评审程序、激励措施	财政部	2018.01.08
5	关于印发《安全生产预防及应急专项资金绩效管理暂行办法》的通知	安全预防专项资金绩效目标管理、绩效目标执行监控、绩效评价方法、绩效评价结果反馈与应用等	财政部、国家安全监管总局	2018.02.06
6	关于下达财政管理工作绩效考核奖励资金的通知	下达财政管理工作绩效考核奖励资金分配	财政部	2018.05.09
7	关于印发《国家重点研发计划项目综合绩效评价工作规范（试行）》的通知	明确国家重点研发计划项目（课题）任务完成情况和经费管理使用情况等总体要求、综合绩效评价内容等。	科技部办公厅	2018.12.14
8	关于印发贯彻落实《中共中央 国务院关于全面实施预算绩效管理的意见》的实施意见的通知	贯彻落实全面实施预算绩效管理的要求	水利部	2018.12.25
9	关于印发《中央水库移民扶持基金绩效管理暂行办法》的通知	中央水库移民扶持基金绩效管理的分工、绩效目标设置、绩效评价的主要内容、自评报告、绩效评价结果应用等	财政部、水利部、国家发展改革委	2018.12.29
10	关于修订《财政管理工作绩效考核与激励办法》的通知（2018）	财政管理工作绩效考核与激励的目的、对象、内容和指标、评审程序、激励措施	财政部	2018.12.29
11	关于印发《国际金融组织和外国政府贷款赠款项目绩效评价管理办法》的通知	明确国际金融组织和外国政府贷款赠款项目绩效评价基本原则、主要内容、管理机构与职责、评级对象和内容、组织和实施，评价结果应用与法律责任	财政部	2019.05.14

续表

编号	政策文件	主要内容	出台部门	出台时间
12	关于印发《农业相关转移支付资金绩效管理办法》的通知	农业相关转移支付资金绩效管理的原则、主体分工，绩效目标设定、审核和监控，绩效评价与结果运用、组织实施	财政部、农业农村部	2019.05.29
13	关于印发《中央部门预算绩效运行监控管理暂行办法》的通知	明确中央各级部门开展绩效监控的职责分工、监控范围和内容、监控方式和流程、结果应用等。	财政部	2019.07.26
14	关于全面实施预算绩效管理的意见	明确教育部门预算资金和中央对地方转移支付资金的绩效管理总体要求、主要任务和保障措施	教育部	2019.12.10
15	关于印发《脱贫攻坚农村危房改造绩效评价与激励实施办法》的通知（2019修订）	明确脱贫攻坚农村危房改造资金项目绩效评价的依据、内容和结果应用	住房和城乡建设部、财政部	2019.12.12
16	关于印发《国家科学技术奖励绩效评价暂行办法》的通知	国家科学技术奖励绩效评价的主要内容和工作规范	财政部、科技部	2019.12.17
17	关于印发《地方财政管理工作考核与激励办法》的通知	明确地方财政管理工作绩效考核与激励的目的、对象、内容和指标、评审程序、激励措施	财政部	2020.01.03

数据来源：根据北大法宝相关文件总结

3.1.2.3 预算绩效管理改革的现状

从我国预算绩效管理改革的政策演变可以看出，2000 年以来，中央与地方各级政府逐步推开了预算绩效管理改革的实践探索，中央层面、中央级部门针对专项财政资金和转移支付资金实施预算绩效评价，并逐步融入政府部门绩效评价之中，如住房和城乡建设部、国家发展和改革委员会、财政部关于《印发农村危房改造绩效评价办法（试行）的通知》，民政部、财政部关于印发《最低生活保障工作绩效评价办法》的通知等，既是对相关工作的评价，也是对所投入的预算资金的绩效评价。地方层面，从个别项目支出的绩效评价扩围到一般公共预算收入的绩效评价，并逐步扩展到对全过程、全覆盖预算绩效管理工作的探索开展。总体来看，预算绩效管理改革实践主要集中于对预算绩效支出评价的改革，逐步演变为对预算绩效目标管理、绩效运行监控、绩效评价指标体系建设、绩效评价结果应用等四个方面的逐步深入探索。

1. 预算绩效目标管理

绩效目标管理是开展预算绩效管理的起点，是财政部门、各预算部门与单位以绩效目标为对象，通过对绩效目标设定、审核、批复为主要内容的预算管理活动。设定预算绩效目标，不仅有效地指导预算部门的预算编制和执行，也有利于指导财政部门和各预算部门战略规划的制定。预算绩效目标管理的实践开展中，中央层面，财政部印发《中央部门预算绩效目标管理办法》，指导中央级各部门根据自身部门特性制定项目支出绩效目标管理办法，目前基本实现了重大与重点项目的绩效目标管理的全覆盖。地方层面，部分地区已建立省级层面的预算绩效目标管理流程与办法，构建了符合地方财政特色的绩效目标管理指标体系，并不断尝试扩大绩效目标管理范围，逐步实现绩效目标应用于预算编制与执行等四个方面的探索，具体体现为：一是规范预算绩效目标管理的流程。部分地区如广东、福建、贵州等地出台制定了财政支出项目绩效目标管理工作规程和申请办法，如《广东省省级财政预算绩效目标管理办法（试行）》《福建省预算绩效目标管理暂行办法》《贵州省级部门预算绩效管理暂行办法》，还是针对地方特色制定的《广东省省级部门预算财政支出绩效目标管理工作规程》《北京市部门整体支出绩效目标申报表》等一系列规范工作流程与文件。二是构建符合地区财政特色的绩效目标指标设计体系。广东省构建了与中期财政规划相适应的绩效目标体系，具体涵盖整体支出、中期财政规划项目、年度明细计划的三级指标体系，福建省以专项资金分类为基础，统一采用定量指标，在事前评价和预算编制环节设置具体、全面、合理的绩效目标，细化绩效目标编制。北京市则构建了对预期产出、预期效果、预期绩效对象满意度、预期成本与产出四个层面的绩效目标指标体系。三是实现预算绩效目标的全公开与结果应用。预算绩效目标评审结果作为预算编制的前提，强调未通过评审的预算部门无法纳入部门（单位）预算；同时，部分地区如北京市、上海市还要求纳入预算的部门必须实现绩效目标的全公开。四是逐步扩大绩效目标的范围。如山西省要求所有专项资金和

300万元以上的经费补助类项目要实现绩效目标全覆盖，广东省要求省级事业性发展支出和预算部门500万元以上的运转类项目支出、转移支付资金、部门预算全面纳入预算绩效目标管理。

2. 绩效运行跟踪、监控管理

绩效运行跟踪监控管理，是事中绩效评价管理的重要体现，对绩效目标的偏离、资金使用过程中存在资金到账不及时、资金使用不规范等问题能起到及时发现、纠偏的重要作用。中央层面，出台《中央部门预算绩效运行监控管理暂行办法》，明确了中央各级部门开展绩效运行跟踪监控的实施主体、监控范围和内容、监控方式、流程与结果应用等。地方层面，逐步完善预算绩效运行跟踪管理制度建设，探索建立财政信息管理系统，实现实时、动态绩效跟踪的信息化管理，形成了一系列创新做法。部分省市、区如北京市、江苏省、西藏自治区等地区制定了预算绩效运行监控跟踪管理办法，如《北京市市级财政支出绩效跟踪管理办法》《江苏省省级财政专项资金绩效跟踪管理暂行办法》《西藏自治区财政支出绩效跟踪暂行办法》等，明确了预算绩效跟踪的主体、内容以及强调跟踪监控结果作为改进支出结构和资源配置、完善预算绩效管理机制的重要性。不断优化绩效运行跟踪监控方式，如浙江省丽水市根据预算项目属性划分不同预算监控方式，对重点、重大项目实行重点监控，对于项目单位具体进度与绩效目标实现自行监控。又如广东省佛山区构建的自动预警、财政跟踪和专家监控一体化的数字化绩效监控跟踪机制：针对不同的项目支出、部门支出构建自动预警监控体系，发挥预算部门、审计部门与财务部门的科室优势，提高监控效率和结果应用效果；采用动态实时监控系统，对项目支出实现实时与年中绩效考核，考核结果一方面应用到下一年度预算调整，建立问责、约谈机制，对不符合审核的项目进行改进或停止。又如上海奉贤区开创全过程预算绩效运行跟踪监控，对与民生关系密切、社会关注度高和资金规模大的预算部门采取“定向 + 自行”跟踪；根据资金规模大小，对重点、100万元以上的大型项目实施“完整”跟踪，对预算金额在200万元以下、辅助类和定额类项目采取“简易”线上跟踪；对实施年中“监控”调整，将“整改”内容应用于预算调整和资金分配，也为部门预算管理考核提供了重要依据。

3. 构建和完善预算绩效评价体系

财政支出绩效评价是政府部门依据设定的绩效目标，运用科学、合理的绩效指标和标准，对财政支出行为、成本、产出和效果进行科学、客观、公正的综合评判。预算绩效评价是我国开展预算绩效管理的逻辑起点，其重要性不言而喻。中央层面，财政部先后出台了《财政支出绩效评价管理暂行办法》《项目支出绩效评估管理办法》等行政法规，逐步构建了预算绩效评价的政策制度体系。地方层面，预算绩效评价工作重点侧重于构建规章体系、规定绩效评价主体与流程等方面。首先，多省份建立了预算绩效评价管理办法，比如《河北省预算支出绩效评价管理办法》和《山东省省级项目支出预算管理办法》等。其次，不断完善预算绩效评价的流程，根据财政资金规模与项目属性划分，一般性预算项目普遍采用预算部门自评的方式，重点、重大项目则由预算部门、财政部门等进行共同评审。其中，为提高预算绩效评价的真实性与可信性，上海、北京等地各级预算部门采用邀请专家、学者及第三方机构广泛参与的方式进行部门自评，而部分重大、重大项目则由财政部门重点抽查形成再评价体系。广东省则搭建第三方初审、经办人员复审、财政部门再审的评价流程，结合数字化财政绩效管理信息系统，实现财政信息的实时共享与同步使用，提高绩效评审效率，防范绩效人员弄虚造假行为的产生。再次，逐步完善预算绩效评价指标体系。按照地方各级预算部门资金的使用性质、分类与范围，逐步构建了政府及部门预算支出、分行业、分领域的预算项目绩效指标体系。如广东省构建了项目支出、专项资金和整体支出的三级指标体系，各大类指标下设细化指标并纳入财政信息化系统。北京则建立了共性与个性相结合的指标体系，根据指标所属行业与是否可调整为依据，划分为四级指标，其中，一、二级指标是应用于大类下的共性指标，三、四级则是根据项目特点设计、可调整的个性化指标。据统计，目前，北京市级层面已对教育、卫生、科技等 20 多个行业设置了具有分行业、分类型特征，纵横相结合的预算评价指标体系。

4. 实现绩效评价结果的应用

绩效评价结果应用是预算绩效管理改革落到实处、发挥实效的关键。当前，绩效评价结果的应用主要体现在绩效报告的公开、绩效结果纳入次年预算编制等方面。实践中，中央层面，中央级部门设定的预算绩效管理实施意见中明确规定，要将部门支出绩效评价结果应用于下一年度的预算编制之中。地方层面，部分地区相继出台了预算绩效评价结果的应用办法，如《湖南省预算绩效评价结果应用管理办法》《北京市市级财政支出绩效评价结果应用暂行办法》，规范了预算绩效评价结果的公开与应用。目前部分地区在绩效评价结果应用方面已逐步形成了地方自我特色，如广东省将部门重点、重大项目绩效评价结果通过报纸、网站等平台向公众、媒体及时公开，邀请人大代表、政协委员、社情民意联络员等人员座谈，动员公众积极参与评价讨论，预算部门积极回复、回应等公众参与的良性循环，实现了绩效评价结果的公开、透明。上海市明确了将部门和项目预算绩效评价结果纳入政府考核机制，同时公布预算项目负责人、单位法人信息，实现了项目责任到人，倒逼实现项目改良的运作机制。江苏省出台《省级预算绩效管理成果应用暂行办法》，建立了六项预算绩效管理成果应用机制，包括“反馈与整改”“报告与通报”“向社会公开”“与考核挂钩”“与问责挂钩”“与预算挂钩”的绩效成果管理机制，该办法覆盖了预算绩效结果的反馈与整改、公开与透明、激励与问责，对健全绩效评价结果应用、完善全过程预算绩效管理改革的实效性具有重要意义。

3.2 中期预算框架下预算绩效管理改革实施的可行性

3.2.1 中期预算与预算绩效管理存在天然、有机的框架联系基础

从理论逻辑与时间上来看，中期预算与预算绩效管理存在天然、有机的联系，其原因除中期预算的内在功能外，中期预算框架还为预算绩效管理提供了一个具有约束性、实用性的指标界定与时间限制框架，此框架下，限额管理制的财政支出项目能够得到有效实施，且实施效果能够得到绩效检验。理论而言，中期预算是实施开展预算绩效管理的基础性框架，

其有助于改善公共财政管理系统的绩效，从自身维度以改善经济发展与财政规划绩效。具体而言：

第一，中期预算框架下可提供更多可预测性的财政资源，从而减少因为财政资源的不稳定性而造成的公共服务质量下降，降低了绩效程序中可能存在的不确定功能壁垒。如市场化的企业类比，部门经理耗费较多的时间花费在激励员工士气，说服难以满足其服务需要的供应商，抚慰不满意的客户，而却忽视了如何去改善服务从而减少问题的发生。类似于此，中期预算框架下，对可使用的财政资源进行科学、合理和准确的预测，并进行相应程序化的结构设计，则针对同类型项目就会形成较为成熟且富有效率的运作模式，则会大大减少运行成本，提高工作效率。第二，中期预算框架下的预算绩效管理能够提高绩效，其主要原因在于，无论是中期财政规划还是预算，都重点关注可预测性的财政资源，并围绕其开展一系列的政策设计与运用，集中且高效的预算程序提高了预算的可执行性。在中期预算的引领下，预算部门紧密结合政府规划与部门规划，根据规划确定财政资源的优先次序，使得整体资源获得最有效的配置与使用，从而提高了预算设计下的资金运用效率。第三，实行中期预算有利于改变机构与部门激励机制和行政效率的提高。中期预算框架下，需要对预算支出总额进行硬性约束限制，对于预算部门来说，就要重新审视财政资源的分配，需要判断所约束划定的支出范畴与额度如何达到最优方案的实现，是否与优先目标保持战略一致。在中期总的支出最高限额框架下，预算支出部门将拥有更大的自主裁量权，不仅可以根据不同经济分类实施资源配置，还可根据不同公共服务需求配比相应的项目。

3.2.2 不断完善的制度条件为两者协同发展提供制度基础

中国特色社会主义市场经济体制的不断发展与完善，为中期预算框架下预算绩效管理的深入改革与发展提供了良好的制度条件。首先，依法治国为中期预算框架下不断完善的预算绩效管理改革提供了法制基础。社会主义市场经济本质上是法治经济，要求政府与市场行为都要依据法律开展，这是因为市场经济不仅需要法治市场，还需要建设法治政府与法治国家，因此，法治就为中期与预算绩效管理的协同发展提供了最强有力的保障与最佳指引。其次，中国特色社会主义市场经济为发展壮大预算绩效管理改革奠定了重要经济基础。科学的预算管理体制是优化市场资源配置、促进社会公平的重要制度，构建预算绩效管理体制是社会主义市场经济的必然要求，改革开放以来，伴随非公有制经济的发展，以非公有制为主的经济组织解决了全国80%以上的就业问题和60%以上的税收，预算规模也随之不断扩大，日益增长的财政规模也为我国中期预算和预算绩效管理的协同发展提供了坚实的基础。

3.2.3 全面推进预算绩效管理改革措施的不断深化

2000年以后，我国财政支出规模不断扩大，2019年，全国财政支出规模达23.8万亿元，较全国财政收入规模19万亿元高出4万亿元；尤其地方财政支出增速较快，2019年，地方财政支出增速8.3%明显高于地方财政收入增速3.2%（图3–1、3–2）。随着我国财政支出规模的快速增长，财政支出的效果与效益问题受到了诸多关注，国外关于预算绩效管理的理念也逐步引入我国，为提高财政资金的使用效果与效益，部分地区探索开展支出绩效评价试点，我国自此开启了一场意义深远的预算管理改革。2000年开始，预算管理改革重点针对支出制度改革，同时与国库集中收付、政府采购收支两条线的政府收支科目等配套改革齐头并进，政府预算改革逐步把所有财政收支纳入预算管理范围，规范了预算编制程序。但是，政府预算改革只解决了规范预算编制的程序和基本方法问题，并没有解决预算绩效执行的过程和结果问题，这样导致了直接后果就会使预算执行与年初预算的不符，项目变动、经费无法按进度支出的情况层出不穷。

为此，我国财政支出管理的重点，开始由对财政资金规范性、安全性的构建向支出绩效考评转变，以财政部门为主、重视结果导向型财政资金使用模式的新的支出管理方式至此拉开了序幕。2001年开始，我国对部分省份开始实施财政支出绩效评价试点。2003年，党的十六届三中全会明确提出对政府预算实施绩效评价，这为我国新一轮预算改革指明了方向。2010年开始，全国财政工作会议上要求“逐步完善预算绩效管理制度，建立健全绩效目标设定、绩效跟踪、绩效评价及结果运用有机结合的预算管理机制，实现全过程预算绩效管理。”此后，我国经历很长一段时间的预算绩效管理的实践探索。党的十九大报告进一步提出“建立全面规范透明、标准科学、约束有力的预算制度，全面实施绩效管理”。全面实施预算绩效管理是习近平新时代中国特色社会主义思想在财政领域的根本要求，是建立现代财政制度的主要标志，也是实现国家治理现代化的重要基础，对建设人民满意的服务型政府，推动经济与社会高质量发展具有重要历史意义。尤其是近年来，经济发展新常态下，我国财政收支差额规模日益加大，2019 年全国财政收支差额增速为 29.2%，较 2018 年增长 6 个百分点（图 3–3），财政收入中低速增长与支出刚性矛盾短期内难以改变的新形势下，迫切需要各级财政部门和主管部门通过加强绩效管理挖掘潜力，优化存量财政支出结构，真正让有限的财政资金效益最大化。在此背景下，预算绩效管理不断深化为中期预算框架下预算绩效管理的推进迎来了新的契机，国外经验表明，伴随中期预算与预算绩效管理的深入发展，基于已有中期预算和预算绩效管理改革的实践经验，下一步可深度挖掘预算绩效管理所发挥的潜力，这能有效对年度预算起到绩效制约作用，此外，还应逐步与中期预算相契合，逐步发挥预算绩效管理在多年度预算管理中的绩效作用。

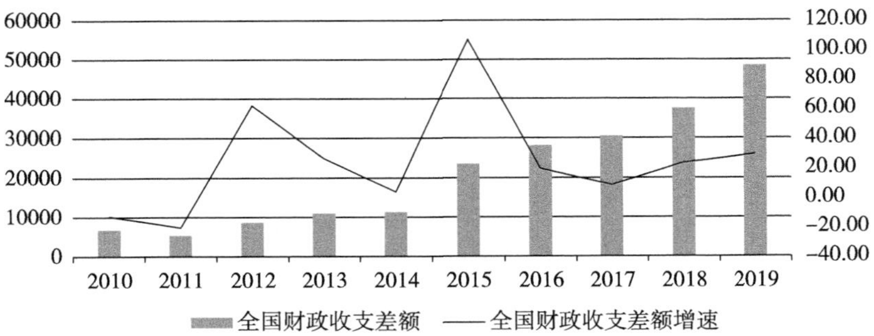

图 3–1　2000—2019 年全国公共财政收支规模

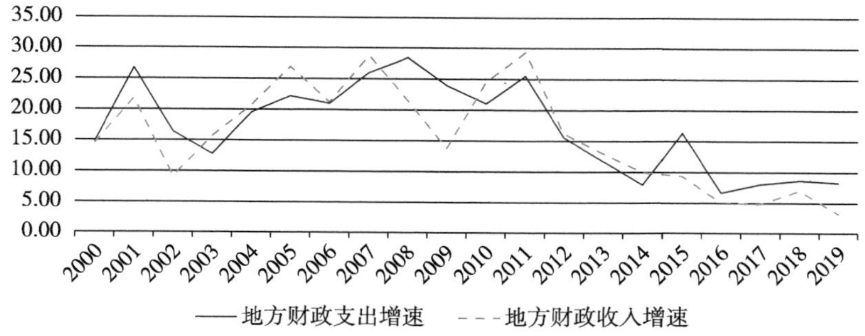

图 3-2　2000—2019 年地方财政收支增速

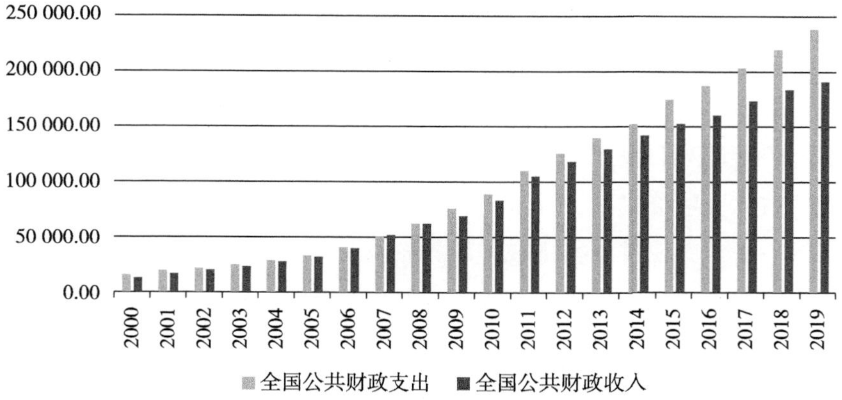

图 3-3　2010—2019 年全国财政收支差额与增速

数据来源：wind 数据库

3.2.4 地方开展预算绩效管理实践内容不断深入

近年来，在构建自身全过程预算绩效管理的探索和实践中，针对不同深度的理解与地方实际情况，逐步形成了具有地方特色的全过程预算绩效管理模式。其中，广东构建信息化预算绩效管理系统，降低改革成本，提高了全过程预算绩效管理效率。此外，广东在逐步完善绩效指标体系建设基础上，通过财政信息化共享平台建设，将各级预算单位预算目标填报、业务科审核、专家评价、决算申报等全过程预算绩效管理工作流程录入信息化系统，实时动态更新各类绩效评价指标，打破了按年度固化绩效指标编制的限制，提高了指标库的灵活性，充分实现了绩效目标、绩效指标的共享和第三方专家线上评审的简便化。沪地实现市、区、县三级纵向到底的预算绩效管理体系。在省一级预算绩效管理体系建设的基础上，上海统一要求深入开展区县两级预算绩效管理体系建设，形成了全过程预算绩效管理的纵向到底。京地创新事前支出绩效评价和探索全成本绩效预算，实现了绩效评价的“关口”前移。事前支出绩效评价邀请人大、专家和第三方围绕绩效目标，对项目预期产出和预期效益进行评价，是将预算绩效评价的过程前置，提前保障资金运行效益与效果的评估行为。全成本预算绩效管理是北京率先提出的，是充分考虑财政支出成本与收益、“财政资金花在刀刃上”的具体做法，该模式首先确认实施项目的内容、范围、标准，及产品和服务的投入要素成本，确定合理的项目绩效目标和项目预期收益，采用分类成本效益核算办法，测算项目的成本效益，以此为标准制定不同类型的项目支出定额标准，确定政府统筹研究各项目的收费价格、政府补贴、投融资机制，并基于各项目收益标准评估项目绩效，考核结果纳入下一步预算编排，实现成本效益核算基础上的预算绩效管理。上述做法都为地方全过程预算绩效管理进一步开展提供了有益的经验探索。

第四章　中期预算框架下预算绩效管理改革的基本逻辑与现实困境

4.1 中期预算框架下预算绩效管理改革的基本逻辑

推行中期预算框架下的预算绩效管理改革，应以实现国家宏观经济总战略为核心，以此确定中长期财政目标，强化财政应对国内外宏观复杂环境与经济风险的能力。根据当前我国中期预算和预算绩效管理分别已开展的实施进度，可以看出，两者在推动政府预算与部门预算方面都起到了重要的作用，优化财政支出管理的方式也取得显著成效。以中期预算为硬约束条件，预算绩效管理为软约束要求下，拟构建我国中期预算框架下的预算绩效管理改革的基本框架逻辑：一是构建科学、综合的中期预测体系；二是根据宏观经济目标确定中期财政目标；三是根据中期绩效目标确定政府预算绩效的总目标与分目标；四是实施全过程预算绩效管理，包括绩效目标管理、事中绩效跟踪监控、事后绩效评价，最终将预算评价结果应用于下一年度预算，实现跨年度滚动式预算体系。

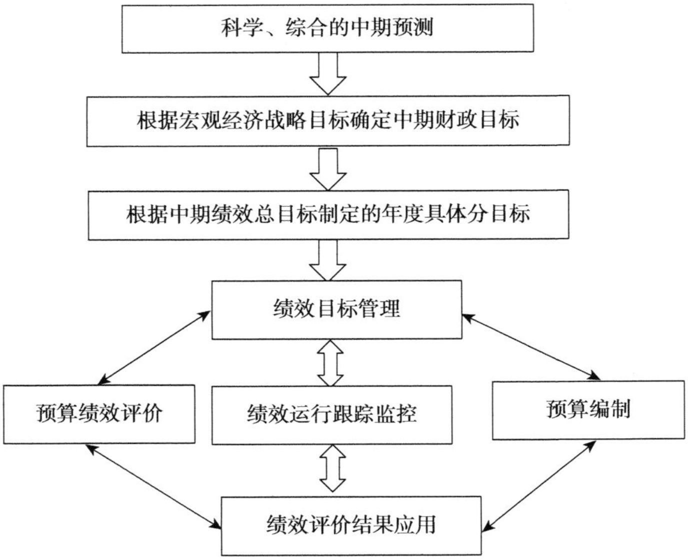

图 4–1　中期预算框架下的预算绩效管理的设想

4.1.1 综合的中期预测体系

实施中期预测，是中期预算框架下预算绩效管理改革的重要内容，其重要性在于，通过科学、合理的宏观经济与财政收支预测，为中期预算与预算绩效管理的进一步实施开展提供规则、战略的制定与指引，也为鉴别财政风险提供预警机制。当前，为应对复杂多变的经济发展形势与财政环境，在三年中期财政规划、五年国民经济与社会发展规划的基础上，还应进行年度滚动式预测体系，通过大数据等计算机技术，随时根据宏观经济运行情况对财政收支进行预测。只有科学地预测中期财政收入，才能确定中期可支配的财政资源。根据预测方法的不同，中期宏观经济预测主要采用时间序列分析法、因果分析等方法，具体预测国内生产总值、失业率、物价水平、国际收支平衡等主要指标，此外还要考虑其他因素影响，如财政政策、货币政策、国际利率浮动等影响，不仅如此，还需要采取定量与定性相结合的分析方法，以提高预测结果的准确性与实用性。当前，中期预算框架下对财政收支预测可采取多种定量分析方法，其中，财政收入方面，主要分为三类：一类为采用宏观经济层面决定财政收入的回归模型，即建立 GDP、消费、投资等宏观经济指标与财政收入的线性回归模型予以测量；第二类是采用 BP 神经网络、灰色关联模型、HP 滤波算法等模型进行预测；第三类采用财政收入自身数据进行预测的时间序列模型，包括指数曲线、ARMA、VAR 模型等。此外，预测数据要及时、年度化滚动式调整，以保证对整个政府的财政控制。财政支出方面，预测主要采用定量分析方法，如单位成本分析法、趋势线法、经验判断法、移动平均法等。不同方法各有利弊，但应根据部门实际可获得的数据情况予以预测衡量。

4.1.2 中长期的事前绩效目标管理

绩效目标是财政预算资金计划在一定期限内达到的产出或结果，按照时效性划分，绩效目标分为中长期绩效目标与年度绩效目标，而开展绩效目标管理则是中期预算框架下预算绩效管理改革开展的出发点与必经环节。具体来看，绩效目标管理是政府机构、各预算部门及其所属单位以绩效目标为对象，以绩效目标的设定、审核、批复等为主要内容所展开的预算管理活动；作为预算绩效管理的基础和起点，绩效目标管理体现了政府资金管理方式由“重投入、重过程”的管理到“重结果、重效果”的转变。

设定预算绩效目标，不仅能有效指导预算部门的预算编制和执行，也对政府战略目标的制定起到重要的导向作用。基本要素和指标要素是完整的绩效目标的构成部分，核心要义是强调绩效目标的制定与衡量。而实施中期预算框架下的绩效目标应做到以下几点：一是以结果为导向、统筹未来。绩效目标不仅要符合国民经济和社会发展规划，还要符合部门职能及事业发展规划要求等，设定的绩效目标还要与相应支出内容与范围紧密衔接。具体而言，中长期战略规划的制定目的是指导未来重点支出方向和主要工作的开展，通过对反映支出范围、效果与方向等当年度与多年度绩效目标的制定，明确目标的绩效范围。二是制定科学、客观和细化的绩效目标。绩效目标的设定要细化、量化，具体细化到反映政府与机构财政资源使用的关键指标，涵盖项目的数量、质量、成本、经济效益和可持续影响及公众满意度等方面进行细化与量化，难以量化的，为便于比较分析可采取分级分档形式。三是绩效目标的确定必须可行合理。绩效目标的设定必须以调查研究和专家论证，项目要符合客观实际，并能在一定期限内完成。四是绩效目标数据之间的相互匹配，绩效目标设定要与计划期内的计划数相对应，要与预算确定的投资额与资金量相匹配。此外，为保证中长期内绩效目标的切实可行，应加重预算部门绩效理念的作用，同时应协同开展事前绩效评价工作。因为，对政府机构或预算部门而言，一旦事前绩效评价处于较差或不合格的状态，其调整的机会成本要低于事后绩效评价完成后对项目或机构、部门整体所产生的影响成本。事前绩效评价完成后，如若绩效评价达到较差标准，则政府机构或预算部门可选择不再推进下一期项目设立或申报，甚至无须再消耗成本设立或申请项目，而事后绩效评价则一旦未达到评价标准时则无法逃避已占用和消耗人力、物力成本所带来的损失，因此，中期预算框架下的事前绩效评估机制无疑是进一步对预算绩效理念的认同和融入。

4.1.3 事中绩效运行跟踪监控

中期预算框架下预算绩效管理，其本质是为实现中长期绩效目标提供稳固的中期预算框架，政府机构和预算部门需基于此框架构建投入、产出与结果之间的联系，以便更好地反映财政资金的动态使用过程。预算编制初期，通过中长期、年度绩效目标管理和事前绩效评价，表明预期绩效水平；预算执行期，结合预算编制初期的绩效目标指标，监控绩效运行进展，并形成绩效目标监控报告，报告覆盖总目标、分目标，已完成、未完成目标的详细解释说明内容，还涵盖下一步如何针对进度较慢、无法符合预期时点的绩效目标进行报告，如财政相关支出涉及重大或重点事项或项目，可对预算执行中期开展事中绩效评价工作。此外，针对跨部门、跨年度的预算支出，还要综合考察、横纵对比分析，总结预算支出完成过程中面临的难点与存在的障碍，以此提出预算进一步调整、改进的方向与做法，逐步形成可控、动态化的绩效跟踪监控运行，以提高财政资金各阶段与整体的使用效率与效果。

4.1.4 事后绩效评价与评价结果应用

中期预算绩效框架下的预算绩效管理，不仅涵盖对中期、年度的绩效目标管理与事中的监控，还应包括各年度、财政支出的事后绩效评价。具体应对短期年度的项目支出情况给予最终的评价，以明确项目开展后的效果与效益，是否达到了前期设定的预算绩效管理目标，同时“以果为鉴”，可将事后绩效评价结果应用于性质相同、内容类似或下一年度的项目支出。同理，对于3—5年的中长期项目同样适用。此外，事后绩效评价的设定还要关注两个方面：首先，关于绩效评价指标体系的设定，事后绩效评价的指标除设计统一的共性指标，根据类型、行业设置的个性指标体系外，还要包括考核实现绩效目标完成情况的相关指标，以及设计与同期项目完成情况比较的相关指标以更好地体现在中期预算框架下优先性投资项目的完成度与完成效果。其次，结果的可应用性，即绩效评价主体包括财政部门、预算部门与第三方机构，绩效评价的方法采用定量与定性指标相结合的方式，从而保障结果的公正、客观，科学性与合理性。

4.1.5 中期预算报告的制定与公开机制

预算报告是财政部门在中期预算框架下对总支出年度、各年度财政资源整合制定的最终预算报告，最终提交人大审核表决。预算报告是中期预算与预算绩效管理准确衔接的重要组成部分，报告的制定主体是财政部门，其他部门以联席会议制的方式共同制定报告内容，报告具体包括：1—2 年度短期预算财政计划、3—5 年的长期战略目标、中期预算的总支出限额；各支出年度的支出限额、年度预算绩效报告，以及滚动式的战略、目标调整修改的内容。中期预算报告的确定要重点关注两方面：一是所涉政策要基于项目的优先性与重要性原则，在中期预算框架下，要突出政府公共投资采取的优先次序与重点，确保优先保障重大与重点项目的财政资源。二是重点评估新增支出政策的现行与未来五年的项目运行成本，以遏制不切实际目标的制定，确保财政政策的持续性、稳定性。此外，广泛听取人大代表与社会公众对预算安排的意见，这是新预算法对预算审查监督提出的一项新要求，对人大代表、专家及民众提出的合理化建议要充分论证和采纳，对于未予采纳的意见和建议，要认真给予回应，要求以书面形式向听证代表说明理由，并以适当形式向社会公布。

4.2 中期预算框架下预算绩效管理改革存在的难点与问题

2015 年国务院颁布了《关于实施中期财政规划管理的意见》，明确了政府编制三年滚动预算；2018 年国务院《关于全面实施预算绩效管理的实施意见》，明确提出要推进构建“全覆盖、全过程、全方位”的预算管理绩效管理体系。目前，经过各自实践探索的实际情况来看，以中期财政规划为过渡的中期预算以及预算绩效管理改革都处于探索阶段，中期财政规划总体编制质量不高、前瞻性不够，与预算绩效管理并未实现有效衔接，构建中期预算框架下的预算绩效管理还面临一些问题与挑战，具体来看：

4.2.1 预算绩效管理改革还处于探索推进阶段

结合我国预算绩效管理改革的现状可看出，自实施以来，预算绩效管理虽取得显著成效但改革仍处于探索完善阶段。2018 年中共中央、国务院印发《全面实施预算绩效管理的实施意见》，提出要建立“全方位、全过程、全覆盖”的预算绩效管理体系。但实践来看，目前纳入预算绩效管理的财政资金规模、范围不断扩大，但仍属于财政资金的中少部分。

首先，中央各部门间、中央与地方间预算绩效管理开展的实践进展不平衡。横向来看，近年来中央部门预算绩效管理工作的开展力度与范围不断扩大，农业农村部、水利部等部门积极响应，建立了相应的资金使用的预算绩效管理办法，但部分部门开展积极性仍不高，部门间预算绩效管理工作发展极不平衡。地方层面，上海、北京、广东等发达经济地区在预算绩效管理的改革实践中扎实推进，逐步形成了具有自身特色的做法与经验，但是西部地区部分改革工作仍停留于准备过程，改革推进进展较为缓慢。纵向来看，中央级较下级部门开展得要好，地方省级政府较下属基层政府部门开展工作更快，实践表明，除上海初步实现了市、区县纵向到底的预算绩效管理工作机制，全国多数地区预算绩效管理的重点仍在省级层面，涵盖 80% 以上财政资金的市、县、乡三级财政尚未采行。

其次，全过程预算绩效管理各环节发展不平衡。全过程预算绩效管理主要由事前、事中、事后三个阶段，但目前三个阶段的工作并未全面推开，且存在一定的问题：

第一，不同层级预算部门和管理人员执行力、重视度不一。实践表明，即使在较为发达的地区，也并非所有预算部门的人员都完全具备项目或部门支出绩效指标与标准设计能力和水平，部门负责人对预算绩效管理也存在认识不够、重视不足的情形，而基层政府面临的问题更为严重，制约着预算绩效管理的纵向深入。此外，多数项目采用自评形式，自评效果一方面受制于预算人员和负责人水平参差不齐的问题；另一方面，引入专家和专业第三方机构还面临对预算部门深入参与度不足，短时参与难以摸清数年来部门的整体规划与项目资金安排，以致无法对预算部门提出专业、中肯的评价与建议。

第二，分行业、分领域绩效评价指标体系建设难量化。从实践来看，分行业、分领域的绩效指标体系建设有待于继续完善。比如，部分行业属于新兴产业，更新交替速度较快，各地区、各部门仍处于自行探索、自我完善阶段，很难构建量化、实时更新的分行业评价指标体系。此外，共性指标与个性指标体系发展不平衡。从现有的项目支出、部门整体支出等绩效指标体系可看出，指标体系的建设多以共性指标为主，分行业、分类型的个性指标由于针对性强、设计难度大等原因，还存在诸多不足，如部分个性化指标设计过于简单，模式照搬财政部《预算评价共性指标体系框架》，个性指标无法反映出部门、行业、项目特点；或者部分个性指标设置繁复，四级指标数量过多，而基于社会效益指标难以量化，势必会引起指标的选取更倾向于管理类和过程类指标，以至于分散评价要点和弱化核心问题，不利于实现绩效评价的真实性和准确性。其根本原因在于财政预算部门相比于企业部门，缺乏如企业营业额、市场占有率或获得率等可测量、可判断的客观指标数据，所强调的政府“业绩”指标多表现为“公共利益”、公共服务的价值以及层级组织所强调的伦理性行为，这些均难以用量化指标进行绩效描述；另一方面，政府各层级机构较多、职能分散、涉及面广，也很难构建一套通用性既强、绩效又可比的指标体系。

第三，事中绩效运行跟踪监控缺乏重点认定。绩效运行跟踪监控重在对预算执行进度和日常进度实施兼顾管理，以凸显项目实施过程中的绩效信息收集与分析，从地方实践来看，呈现两种趋势，一是对已形成的绩效跟踪结果应用实现关注度不高；相应的配套性保障措施和办法亟待建立与完善，如绩效管理信息分析方法研究，绩效评价专家库建设、中介机构库建设及质量管理办法，全过程绩效评价工作监督指导条例、绩效报告管理及应用分析方法等办法还未形成。二是绩效运行跟踪监控重点不明确。绩效运行跟踪监控的重点应集中于财政资金规模较大、民生应急大型项目等重点和关注度较高的项目，但目前，预算部门过于将日常项目支出纳入绩效运行跟踪监控范畴，涉及资金规模大、参与部门众多的项目却很难进行跟踪监控，这样很可能会导致跟踪监控演变为绩效预算的“形式主义”，从而造成部分预算部门业务人员脱离正常业务工作轨道，以及相关人力、物力的浪费与损耗。

第四，绩效评价结果应用奖惩主体难以界定。绩效评价结果最为常见的应用方式体现为两方面：调整、纳入下一年度的预算编制；将结果全部或部分公开于社会公众。实践表明，绩效评价结果纳入政府绩效考核和实施奖惩机制的应用并不广泛。其中，政府绩效考核或部门综合考核还可将绩效评价结果纳入财政绩效管理作为考核标准；但对于奖惩问责机制方面，具体由哪一主体承担绩效评价不良结果，是现阶段预算绩效管理奖惩制度设计的主要难点，如部分大型重点项目主要由市县等各层级“一把手”负责，一旦绩效评价结果不理想，下级很难对项目的不良绩效结果问责，财政部门对下一年度削减资金的权力也十分有限，因此，绩效评价结果的应用在奖惩机制方面容易流于形式；同时，由各预算部门负责的中小型项目，绩效评价结果若评分较低，问责于机构负责人或整体机构人员，无论是从职务或是工资绩效奖金而言，都会一定程度抵消其开展日常项目工作的积极性。此外，绩效评价结果应用是否实现，现也尚缺乏相应监督机构。

4.2.2 中期预算仍处于过渡阶段，与预算绩效管理未实现有效衔接

2015 年国务院《关于实行中期财政规划管理的意见》提出“中期财政规划是中期预算的过渡形式”，实践来看，中期财政规划开展实施仍处于探索阶段。国外推进中期预算与预算绩效管理协同推进的经验做法表明，中期预算先逐步形成较为完善的体系，此基础上，逐步实现与预算绩效管理的协同发展，但我国现有实践表明，要构建中期预算框架下预算绩效管理体系，在塑造中期预算框架的前期，中期财政规划仍处于探索阶段。具体表现在：

第一，年度预算与中期财政规划“两张皮”现象明显。从当前推动中期财政规划——三年滚动财政规划的编制方式来看，首年约束的为年度预算，后两年的预算为引导未来两年预算，首年预算执行完毕后，顺延添加下一年度预算，逐年滚动更新。现行做法是各级政府将年度预算与滚动预

算规划一同编制，部分地方政府及部门对财政规划的理解不到位、编制重视度不够，对宏观政策前瞻性把握不准，改革的积极性普遍不高。甚至部分地方财政部门编制财政规划时，用 1 年预算金额简单乘以 3 编制预算，以简单累计和平均编制的方式就完成了滚动预算的编报。此外，从已有开展编制调查情况来看，各级政府部门、部门预算申报情况参差不齐、预算申报项目细化不够、滚动申报项目不完整，资金仍停留在注重眼前利益，而缺少长远谋划；而做得较好的地区其开展的措施也并不完善，基本在当期年度预算平移推算基础上，分解年度目标，往往三年财政收支安排衔接不够，预算也就难以统筹规划。

第二，中期财政规划与宏观经济规划不能衔接。三年滚动预算机制为主的中期财政规划，与五年循环期的国民经济与社会发展规划、立法规划，从时间上就难以获得有效衔接；从内容上，中期财政规划需要更加具体、细化的政策指导，但当前我国的国民经济与社会发展规划内容较为笼统抽象、目标也不够细化，难以对中期财政规划起到指导作用，同时国民规划也属于静态规划，“五年”一经确认很难做调整，灵活性小、操作调整难度大，而中期财政规划是“三年”一滚动，属于动态规划，按照设计理念可体现出经济运行态势的复杂多变，但现有内容上、时间上的不匹配，就导致了三年、动态的中期财政规划与五年、静态的宏观经济规划相妥协，也使各级政府及部门由于编制中期财政规划的依据不足出现“拍脑门”编预算的情形，导致未来预算执行中随意追加预算，影响了中期财政规划的科学性与规范性。此外，中期财政规划时间与地方政府官员任职周期也存在不匹配，按照官员实际任职期间，地方政府“五年”一换届，因此可跨越两个三年中期规划期限，第一个中期规划前两年可扩大财政支出，甚至可存在较大赤字，一旦任职结束，也未达到第二个三年滚动财政规划的结束期，财政支出的扩大很有可能会提升地方官员的业绩促进其升迁，但弥补地方债务的风险、赤字风险很可能就转移给下一任，这样不仅不利于中期财政规划的再次制定，也不利用官员公平任职机制的设立与当地经济的稳定、持续发展。

第三，三年滚动预算绩效评价整体较为薄弱。规范的中期财政规划不仅需要提出具有约束性的三年预算总量框架，还要提出三年内预算执行需要遵守的支出限额，这就要求政府及部门必须在预算限额内提出全面的绩效目标，对三年滚动预算实施全过程预算绩效管理，才能保证中期财政规划运行的规范性与科学性。当前，我国的预算绩效管理明显处于探索阶段，主要以项目支出的绩效管理为主，而且预算绩效考核指标主要针对年度预算评价较多，还未设计出规范完整的、适用于中期预算框架下的绩效评级指标体系，绩效评价结果应用效力不高。现阶段，一些地方政府只是将本地区规划目标视同中期财政规划目标，中期财政规划绩效目标制定得也不够量化与具体，导致预算收支执行中管控不严，资金使用效率低下，很难对三年财政规划做出科学绩效评审，三年滚动财政规划的准确性也受到严重影响。此外，由于财政资金绩效目标侧重于社会效益而不是经济效益，社会效益的评价本身难度较大，况且三年中期财政规划是在经济非均衡状态下的动态平衡，绩效评价对象周期由一年扩展到三年，评价难度明显加大，有可能会造成评价者“避重就轻”，绕过重大项目考核而重点放在难度小、容易计量的一些项目上，跨年度绩效评价指标体系的不完善，如何能让三年滚动财政规划实施提供技术支持亟待考量。

第四，价格变化对未来项目所需资金影响难以实现滚动效应。编制三年滚动式中期财政规划，重点在于预测未来三年发生的各项财政支出总量，并进行有效年度预算约束。而三年财政收支预先规划的重点影响因素是资金需求测算的价格变化，特别是支出项目中设备等资金规划对价格变化的敏感程度，如进口设备与仪器会受汇率变动影响，三年规划中如何既考虑价格的波动又能准确预测各项财政支出项目经费要求，是重要且困难的问题。虽然滚动式的中期规划可以调整，但往往不将价格因素作为调整因素，如若调整，也会造成规划中的第二、第三年的项目预算调整，这样就难以实现财政规划约束当年预算的初衷，失去了三年滚动财政规划总量控制的意义。此外，当前的“滚动”主要表现在三年规划的形式上，具体指的是第一年预算完成后，第四年财政规划递补，形成新的三年期滚动财政计划，原第二、第三年的财政规划也继续递补，但实际运行中，资金滚动的途径、方式仍不明确；又如第一年实施项目的结余资金有剩余但项目还未完成，预算法虽规定结转下年使用，但项目如完成但资金有结余，是否结余资金可转其他项目，如结余资金统筹收回，势必刺激机构与部门单位在项目实施过程中尽最大可能花完经费。如此一来，节约财政资金、提高资金使用效率的目标就难以实现，财政资金的滚动效益也就难以实现。

4.2.3 预算管理模式仍存不足，难以支撑改革推进

完善的预算管理模式是有效支撑中期预算框架下开展预算绩效管理改革的重要制度基础与保障。根据我国现行的“自下而上”的预算流程，各预算部门按照本级部门实际情况实施预算编制，由财政部门和上级部门对各部门编制预算进行审批，审批后将所有预算汇总成预算报告，交由本级人民代表大会进行审批，审批通过后，预算资金按照预算编制要求如数下拨到预算部门。在实际这一预算流程的开展中，预算管理模式当前存在的一系列问题不利于甚至制约了中期预算与预算绩效管理工作的协同推进，具体表现在：

一是预算编制和审批时间的不足，不利于中期预算框架下预算绩效管理工作的真实、稳定和持续有效开展。《预算法实施条例》规定，预算申请时间为上一年度的6月份，预算报告为每年3月份公布实施，在这一时间内，各部门所要开展的工作，不仅要完成各部门年度编制前期开展的绩效目标管理、预算编制，还要再交由财政部门与上级部门审核汇总形成预算报告，再转由人大部门进一步审批等等环节，而这些工作任务量大、要求本应严格精准，但由于预算准备时间较短，因此很容易对预算部门、财政部门和上级部门滋生不利影响，而影响预算工作的开展。如：对于预算部门而言，前期预算编制所涉及的预算绩效管理过程主要包括绩效目标的制定以及部分地区逐步开展的事前绩效评价工作，这部分工作主要由预算部门自行开展，在各部门彼此信息不对称的情况下，预算部门因预算编制时间紧、项目多，往往会更侧重于考虑争取预算资金支持，而忽视整体战略指导与前期科学论证的研究，这就难以保证预算资金在执行过程中使用的合理性，很可能造成预算执行过程中，资金使用与绩效目标的背离；对于财政部门和上级部门而言，正常预算管理流程是要求财政部门与上级部

门不仅要对预算报告进行汇总，还要兼任辅助人大部门对预算的审核监督，但实际工作开展中，由于部门项目多、项目涉猎范围广、时间紧，因此人大部门很难在短期内判断项目的必要性与可行性，因此当前承担的工作主要是预算报告的汇总而并非审核；对于人大审批部门而言，各级人大代表在短短几天的会期需要承担财政部门的预算报告与其他政府部门工作规划报告的审阅与表决，无论是工作量还是工作内容，都无法保证人大代表们有足够的时间与精力实现充分审阅预算报告。

二是“二上二下”的预算编制程序，加剧部门对财政利益之争。根据现行政府部门职能制定的预算编制程序，预算审批采取的是由各政府预算报财政部门审查，下级政府部门向上级政府部门备案的流程设计，其初衷在于各级政府预算部门利用职能分工优势更好地发挥部门职能，提高政府资金使用效率。但现存的困境是，部分预算部门申请预算时通常依托于部门利益最大化的动机，而缺乏对整体部门政策重点、细节以及中长期计划的考虑，因此往往更倾向于认为财政部门或项目支出分配部门会削减预算的行为，因此都会留出接近预算的一半富余以编制机构或部门预算。这种基于博弈行为的预算分配，不但会造成预算资金脱离实际目标，而且背离了预算资金限额的约束前提，不仅有可能加剧部门间政策制定者陷入部门利益之争，同时还可能挫伤部门间合作的动机与诚意，导致国民经济和社会发展规划、中期财政规划、土地资源规划、城乡建设规划之间“各自为政”，时间上与执行上无法保持同步。狭隘的部门利益或机会主义利益，最终可能导致预算只针对政治权宜之计领域和只涉及小范围民众福利领域支出，严重脱离了“以人民为中心”预算支出的目标。

三是目前预算透明度难以支撑中期预算框架下预算绩效管理体系的构建。公开透明的预算，不但有利于向公众及时反映政府所提供的公共政策信息，提高政府公信力，同时也是中期预算与预算绩效管理形成联动运行的关键。预算“透明”更强调的是部门间、部门与公众间的信息对称，2008 年颁布的《国务院信息公开条例》和 2014 年新《预算法》，使得我国预算公共透明度有了较大改进，根据 2018 年省级财政透明度报告的研究发现，我国省级财政信息公开透明度仍不理想，目前有近 50% 的部门财政信息尚未公开，财政透明度最低的省份仅公开了30%的财政信息，部分非行政单位与二级预算单位明显存在推卸财政信息公开责任与义务的情况；整体来看，财政信息公开在详细性、可用性、可理解方面，还存在诸多不规范。

4.2.4 预算配套设施尚不完善，不利于改革的顺利推进

第一，预算人员对构建中期预算框架下预算绩效管理体系的能力尚有限。中期预算框架下，最为重要的操作环节是实现跨年度视角的经济预测与财政预测，当前部分政府预算机构与部门尚未设置专门开展预算管理的人员，负责的人员主要为财务部门，而中期预测不仅需要财务方面的数据支撑，更强调经济运行与财政运行预测；而有些机构或部门完全交由第三方机构承担，但由于第三方机构对于机构认识不足、难以深入等问题，往往数据预测与部门实际行为还存在差距。同时，近年来的预算绩效管理实践也表明，即使在粤、京、沪等较为发达的地区，也并非所有预算部门的人员都完全具备项目或部门支出绩效指标与标准设计的能力和水平，部门负责人对预算绩效管理也存在认识不够、重视不足的情形，而基层政府面临的问题更为严重，制约着预算绩效管理的纵向深入。此外，多数项目采用自评形式，自评效果一方面受制于预算人员和负责人水平参差不齐的问题；另一方面，引入专家和专业第三方机构还面临对预算部门深入参与度不足，短暂的参与难以摸清数年来部门的整体规划与项目资金安排，以致无法对预算部门提出专业、中肯的评价与建议。

第二，收付实现制的预算会计模式难以满足中期预算框架下预算绩效管理开展的现实要求。权责发生制的政府综合财务报告作为财政制度的重要组成部分，将为中期财政规划管理提供制度保障，而我国现行的政府财务报告还不能担当起反映政府受托责任业绩报告的重任。2015年至今，我国建立起政府综合财务报告制度改革的框架体系，并开展政府综合财务报告编制试点工作，还在全国推行政府资产负债表试编工作，但由于我国当前还没有建立起完善的权责发生制政府会计体系，不能将政府财务报表中的相关数据钩稽关系进行真实的确认。现行的政府财务报告还主要以收付

实现制为基础进行编制，存在着政府的资产、负债情况反映不够全面完整，无法做到客观真实地确认每个会计期间的财政收支情况，财政总预算会计报告和行政事业单位报告自成体系、互相割裂。除了预算收支决算报告以外，与政府财务信息相关的信息显得碎片化、分散化，编制的政府财务报告显得单薄无力，无法真实反映政府提供公共服务的规模和质量，不能充分反映财政资金营运绩效。

第三，财政部门、各预算部门间缺乏协同联动推进机制，难以形成共谋合力。现阶段，我国中期财政规划与预算绩效主要以财政部门单兵推进为主导，还未能与其他政府机构形成共谋合力。主要表现在：一是财政部门资源配置权力分散。目前，预算资金分配可以说是“五龙治水”，除了财政部门具有预算资金分配权以外，发改委、科技部等也掌管预算资金的二次分配权。如：由发改委审批的政府投资项目，至今大多仍游离于全过程的预算绩效监督之外；二是各级人大与财政部门等还未形成合力。各级人大作为立法部门对预算全过程缺乏实质性审查，对预算绩效与政府治理监督参与程度有限，并未形成对预算绩效全方位监督和强有力支持；三是我国绩效审计主体缺乏独立性，审计部门监督弱化。审计署隶属于国务院，各级审计机构人事任免及经费分配都受制于同级政府部门，在这种体制下，审计部门的监督缺乏独立性、有效性及权威性，仍然属于一种内部监督。虽然政府审计工作由传统的合规性审计已转向以“结果”为导向的绩效审计延伸，但这在一定程度上形成了与财政部门职能的交叉重叠，容易造成重复绩效评价及资源浪费；四是绩效评估问责和社会监督机制缺失。现在绩效评估的主体主要以官方为主，如：组织部门、纪检、监察机关等，但受制于预算信息公开不充分、共享信息平台不健全，官方绩效问责主体作用发挥不够充分，行政问责内容及程序的细化还缺乏法律法规的支撑。另外，其他相关评估主体参与度低。如：政协机构、专业团队、社会公众的参与度普遍较低，还缺乏社会外界的广泛监督；五是预算部门及单位的绩效责任主体意识未完全确立。由于这种方式源于部门及单位的自评，属于内部监督，缺少客观独立性，易受人为因素干扰，无法做到科学化、制度化和常态化，部门单位缺乏开展预算绩效管理的内在动力和积极性，不利于对实际存在问题的改进及纠错。

第四，项目库建设的前瞻性尚未充分体现。当前国家多数地方政府已建立相对成型的项目库，目的是能更为高效管理预算支出项目。但是在中期预算框架下，政府机构与部门预算编制由年度向年度与3—5年周期转变，也就要求各级预算的绩效目标管理不仅局限于年度，即对财政支出项目库建设与管理提出更高的要求，但实践表明，财政规划的编制往往是先于行业发展规划的出台，因此，许多部门和单位只能根据以往业务情况和未来可预见需要完成的项目、进行项目客件数，这些已建项目与未来行业发展规划的匹配程度有多高难以准确预计，而一旦行业规划出台后又发现偏差，则必然影响财政规划的准确性；不仅如此，多数地方政府机构与部门预算的项目库更新不及时，过于倚重部门、单位以往业务基础，项目库建设与行业发展规划衔接不紧密，必然导致财政规划的前瞻性不足。

4.2.5 预算法律机制约束乏力，制约着改革体系的构建

中期预算框架下预算绩效管理的改革，本质上是推动中期预算管理与预算绩效管理的衔接，要求政府履职既要出成绩，又要讲求效率，必须在一定时期将有限的资金"用在刀刃上"，因此必须有完善的法律法规制度予以保障。而当前，关于中期预算、预算绩效管理改革遵循的仍只是政府内部的指导性文件，滚动式规划、全过程预算绩效管理也只是实施预算编制、预算执行过程中的工具与方法，并不是具有法律效力的制度安排。2015年新实施的《预算法》提出了跨年度预算平衡、中期规划和绩效预算的相关内容，但是如何具体开展，迟迟未进一步出台相应实施条例予以解读，使新预算法的施行缺乏具体可操作性指导，无法将《预算法》落实到位。再加上《预算监督条例》及《政府性审计条例实施细则》等还未及时修订，无法在执行层面形成权威性约束，现有顶层对跨年度预算平衡、中期财政规划、预算绩效管理的实际指导，主要是财政部给予的框架性指导建议和原则性规定，缺乏相应的法律支持，使得协调地方级部门间关系的难度加大，也影响了中期预算框架下预算绩效管理的纵向发展。

中期预算框架下的预算绩效管理改革，作为一种技术性手段实际上

并没有国界差别，但由于现阶段受多种因素影响，以中期财政规划、预算绩效管理为基础的预算管理改革相关法律法规建设等的不够完善，导致中期财政规划对年度预算缺乏约束力，预算领域自由裁量权过大等问题也难以得到根本性解决；同时，缺乏法律为依据的预算绩效管理，也会增加推进的难度，因为法律约束机制的乏力，公共资源的决策者、管理者和使用者就难以梳理正确的理财观、政绩观，进一步也会造成管理成本提高、官员士气受损、短视行为甚至恶意竞争，这些问题并非出在中期财政规划或预算绩效管理本身，而是在于相关政策制度执行过程中重视度不够、力度不大，因相关法律机制的缺失而难以对相关责任人落实问责。在法律依据上，2015 年新实施的《预算法》仅规定政府编制跨年度预算平衡机制，而并未明确规定三年为一期，仅以行政红头文件确定，缺乏严谨的法律程序。同时，现有年度预算是经人大立法审批可执行，而中期财政规划并未有严格法定审批程序，这样对各级政府及其部门缺乏强大法律约束力。现阶段，国民经济与社会发展规划作为我国国家治理的重要方略，对政府工作部门工作的开展具有高度统筹与指导性作用。中期财政规划则被看作是国民经济与社会发展规划中的一项专项规划，由于其缺少必要的法律依据，现阶段中期财政规划所发挥的作用十分有限，一方面仅能被动适应国民经济与社会发展规划制定的目标、任务与实施，另一方面又无法充分发挥财政作为国家治理的基础的作用，对其他领域与部门规划也难以起到所应发挥的约束、指导其他规划的作用，就更不用说预测和指导其他政府部门公共政策的决策与制定了。同时，缺少法律依据，一定程度上也限制了中期财政规划对法定年度预算的约束作用，导致在实践中，中期规划在预算决策中流于形式，降低了对于预算决策的指导作用。

第五章　中期预算框架下的预算绩效管理：国外实践与经验总结

5.1 OECD 国家的中期预算框架下的预算绩效管理

20 世纪 70 年代，新公共管理运动的实施，推动了英美国家对预算管理体制的改革，尤其是对中期预算与预算绩效管理为主要内容的预算管理体制改革。其中，英国作为中期预算改革的先驱者，近年来，不断完善中期预算管理的同时，逐步完善预算绩效管理改革。美国作为预算绩效管理改革的有力推动者，对中期预算与预算绩效管理的衔接推进也提供了有益的探索经验，澳大利亚和新西兰作为中期预算与预算绩效管理改革“现代模式”的推动者，其开展的有益经验也受到 OECD 中多个国家的模仿与借鉴。

5.1.1 英国

20 世纪六七十年代开始的西方世界经济危机和日益严重的财政赤字成为推动政府预算变革的直接动因，而这一时期的英国，在全球性经济衰退和石油危机的困境中，经济形势不断恶化，生产力普遍下降，是当时世界上第一个向国际货币基金组织寻求贷款的工业化国家。同时，加上“福利国家”的巨大开支带来的政府机构职能的扩大与机构膨胀，日益严重的官僚主义、保护主义和公共资源的过度浪费成为政府沉重的财政负担，在财政资源有限但又无法由新资源代替的情况下，英国政府财政入不敷出，国家陷入了严重的经济与财政危机。为消除危机，20 世纪 60 年代开始，英国成为 OECD 国家中最早开始实施预算管理体制改革的国家。

5.1.1.1 中期预算与绩效预算改革的阶段对比

1967 年，英国最先开始的预算管理改革是中期预算管理改革，20 世纪 70 年代开始，开始了绩效预算改革。根据中期预算管理改革时间框架来看，主要经历了指导性的中期预算框架（1967—1993 年）、有约束的中期预算框架（1994—1998 年）和固定的部门支出上限（1999 年至今）三个阶段，而预算绩效管理改革则根据不同党派执政时期具体改革内容划分为撒切尔政府绩效预算改革（1979—1990 年）、梅杰政府绩效预算改革（1991—1997 年）和布莱尔政府绩效预算改革（1998 年至今）。可以看出，中期预算与绩效预算的开展是同步的，中期预算改革率先开展的目的是为更好地实现绩效预算改革奠定基础。

表 5–1　英国不同阶段中期预算与绩效预算开展工作对比

中期预算	开展的主要内容	绩效预算	开展的主要内容
指导性中期预算框架（1967—1993 年）	年度预算基础上，设立三年滚动总支出上限，覆盖了除债务利息之外的政府全部制度，也称为"计划全部"（planning total）	撒切尔政府绩效预算改革（1979—1990 年）	开展"雷纳评审"，开始关注政府产出与结果，初步树立成本意识，建立现代绩效考评管理系统收集信息与数据，颁布财务管理新方案。
有约束的中期预算框架（1994—1998 年）	基于固定的总支出上限，设立三年内全部支出控制固定，不能修改，"控制全部"（control total）	梅杰政府绩效预算改革（1991—1997 年）	发起"公民宪章运动"和"竞争质量运动"，绩效改革核心从经济、效率向质量、效果和公共服务转移。
固定的部门支出上限（1999 年至今）	25 个中央部门的多年封顶是固定的限额，2—3 年内不能修改，地方当局自我融资支出和社会保障收益排除在封顶之外，也称为"部门支出限制"（Expenditure limits）。	布莱尔政府绩效预算改革（1998 年至今）	政府部门引入绩效观念，绩效预算主要环节：设立绩效目标、绩效完成监督、提交绩效报告、绩效审计、绩效结果应用。

资料来源：OECD. Good Practices for Performance Budgeting [J].OECD Journal on Budgeting，2019：45.

5.1.1.2 中期预算与预算绩效管理改革的主要内容

英国中期预算框架下开展的绩效预算，不仅涵盖政府财政开支计划，还覆盖了对英国一定周期内经济发展方向的总建议、机构收入分配的计划和调控经济的方式。按照英国现有预算规定，年度预算周期是从每年的 4 月 1 日至次年的 3 月 31 日止；为提高财政资源配置效率，基于中期财政规划对政府债务预算并设立两项基本法则：黄金法则与永续投资发展，即对政府债务仅用于投资的用途、公共部门净债务的比重设定进行原则性规定。基于两项原则，英国的中期预算与绩效预算改革实施同步进行，按照不同阶段，两者开展的工作既有融合又有不同侧重点。其中：

1. 中期预算管理的主要改革侧重点。中期预算框架主要以前瞻性预算报告反映的内容为主，辅之以少部分预算报告的内容。2010 年预算责任办公室（OBR）成立前后，中期预算框架下的预算报告具有明显差异。

（1）成立预算责任办公室（OBR，The Office for Budget Responsibility）进行公告财政的独立权威分析。机构具体涵盖四项职能：一是出版《经济和财政展望》（EFO，Economic and Fiscal Outlook）提供经济和公共财政预测。二是判断政府财政目标进展，目标包括平衡五年周期性调节的经常性预算以及最后一个财政年度（第五年）公共部门净债务情况。三是评估公共财政的长期可持续性，包括年度《财政可持续报告》确定长期预计数，针对不同种类的收支，分析公共部门资产负债表，报告不同时期的长期可持续指标。四是审视预算措施的国库成本，编制预算和其他政策报告发布期间，将政府税收和支持措施的草案成本受制于具体的挑战和审视。此外，机构还发布公告财政数据，提供阅读财政数据，回答预测问题，提供证据给议会委员会。

（2）制定发布中期预算报告。2010 年之前，尤其是 1997 年开始，英国财政大臣通常在每年 11、12 月份发布年度《前瞻性预算报告》，报告给下议院，通常包括：前一周期预算的进展报告，英国经济状态的最新数据，任何对税收变革的建议的具体内容。详细来看，前瞻性预算报告包括两大部分内容，即宏观经济与财政，及其他议题：宏观经济部分，报告涉及多个宏观经济因素，包括增长率预测、经济的再平衡、消费及家庭储蓄率、失业（包括青年人失业）、住房市场和银行借贷。财政部分则涵盖财政状况、财政整顿的时机和速度、结构性赤字、政府支出、支出审核及议会审查、金边债券需求、英国（主权）信用评级、利息成本、来自金融干预的损失、国际财务报告准则（IFRS）[①] 和国民账户的私人部门融资（PFI）。其他议题部分则涵盖贫困儿童、额外的有效储蓄、资产及不动产销售和银行所得税。

---

① IFRS：International Financial Reporting Standards，即国际财务报告准则；PFI：Private Finance Initiative，即私人融资行为（也称为民间主动融资）。

2010 年之后，英国预算责任办公室（OBR）成立，经济和财政展望（EFO）就成为代替和衔接前瞻性预算报告的主要中期预算报告形式。该报告主要包括四个部分：上一周期预测以来的进展、经济和财政展望、表现能否满足政府的财政目标。具体来看：一是自上次预测以来的发展，即上一周期预测以来的经济与财政发展，包括 GDP 增长、CPI、财政收支等预测，得到预测分布散点图，分析平均值、变化值和预测偏差等，从而提供可供参考的信息；二是经济展望，评价最近一个季度中经济剩余闲置的生产能力，评估潜在国民收入与实际国民收入之间的“产出缺口”规模，及未来几年内经济潜力的增长。三是财政展望。具体包括财政预测中的经济决定因素、新发布政策的效果和风险、收入、支出、金融交易、主要财政总量和外部预测比较等。四是表现能否满足政府的财政目标；现有政策下，判断政府是否有大于 50% 的机会实现所设置的财政强制性和补充性的两个中期财政目标，该部分具体包括了财政强制性和补充性目标的描述、各类预测等反应信息和不确定的预测。

2. 绩效预算改革的主要侧重点。20 世纪 90 年代开始，在新公共管理思潮下，英国引入美国绩效预算管理经验，逐步形成了投入、产出和结果为主要内容的新型预算绩效衡量框架，具体涵盖六个方面：一是明确要求设立绩效目标。英国各级政府机构都签订了公共服务协议，根据部门的战略规划确定战略目标，根据战略目标确定绩效目标和各项评价指标。设立目标体系的目的在于能够清楚表达政府开展工作达到的程度、明确的方向、强调最后结果，从而利于有效监督绩效预算的开展情况，更好地承担公共责任。二是明确绩效结果。英国各级政府的预算资金申请由内阁委员会批准，必须提交预算资金预期绩效结果情况，同时提交上一周期年度的绩效改进和本年度绩效情况信息，以此为依据，编制国家整体财政收支计划；同时还要向议会提交预算支出限额、绩效结果与绩效合同。三是对预算绩效完成情况及可能存在的风险进行监督控制。在绩效执行过程中，内阁委员会、财政部门会定期对预算部门与机构检查与监督，内阁委员会重点以机构监控为主，以及接受由财政部门收集的各机构、部门的季度绩效信息。四是绩效报告。预算机构与部门需每年两次向议会提交绩效报告，具体包括春季部门年度报告与秋季绩效报告。其中，春季部门年度报告是属于一个财政年度结束后，各部门绩效任务最终完成情况的报告，秋季绩效报告是每年 12 月份提交的预算进程报告。五是绩效审计。绩效审计用于准确了解预算支出的实际效果，每预算年度结束后，审计署部门都要对绩效报告进行绩效审计，并出具审计报告，审计报告提交议会，由议会再反馈、公布给各预算机构、部门与社会公众。六是绩效信息应用。绩效评价后的信息结果要建立与预算之间的联系，帮助下一轮预算资金的分配决策，同时形成奖励机制，对未来三年绩效良好的地方政府给予财政利益奖励，或扩大地方自治权；对于未完成绩效规定的政府机构与预算部门，由内阁委员会帮助其找寻原因与方法，以保证预算部门完成相应绩效任务。

5.1.2 美国

预算绩效管理模式最早产生于美国，是新公共管理兴起背景下，为追求国家政治民主化、追求政府高效率运作的预算管理模式。而联邦政府开展中期预算的时间要更早于预算绩效管理，因此，美国的改革实践经验对中期预算框架下的预算绩效管理改革具有重要借鉴意义。

5.1.2.1 中期预算改革的主要内容

美国中期预算的出现源于立法机构和行政机构之间配置公共资源主导权的权力之争，也与联邦政府与地方各州政府之间的财政安排息息相关。20 世纪五六十年代，美国先后进行了传统绩效预算和计划项目预算为主的公共预算管理改革，但传统忽视了对政府工作方案本身的分析，结果可能导致“效率高、效益差”的问题，为此，计划项目预算模式在美国开始实施。所谓计划项目预算，是指政府通过建立中长期计划目标，分析为达到目标所耗费的成本与收益方案，以实现财政资源的配置，同时明确将规划界定为影响预算、立法申请和长期预测的建议。但是计划预算仅将预算视野由年度扩充到中期，实际上并没有提高预算能力。因此，20 世纪 70 年代的石油危机中，为摆脱财政危机，美国正式开始走向中期预算之路。

美国中期预算改革发现，中期预算改革具有更多优势，包括：更为强调公共管理和服务，更强调项目评估和监管，有助于提升长期项目规划，更符合项目活动需要而不是预算调配人力资源，减少编制预算人工与时间，是真正将年度技术核算转变成对长期的规划。实际工作开展中，中期预算在联邦政府层面主要进行两个方面的编制，即总统预算办公室的预算与国会预算办公室的预算，其中，总统预算是国会编制预算的重要参考，同时总统有权否定年度预算法案，政府预算不仅涉及大类资源的配置，如国防、医疗卫生等保障，还要决定具体规划、项目和活动，如审批专利权和控制疾病的资源分配。具体来看，中期预算开展的主要内容重点为：

1. 明确中期预算编制的主要内容。美国的中期预算框架一般包括经济运行分析及预测、联邦财政收支分析、经常性预算收支分析、税式收支分析和资本投资支出分析以及联邦政府对地方政府的转移支付等。中期预算主要采取基线分析法，即在相关政策变动和不变动的情况下测算预算支出，最终确定年度预算收支。美国中期预算编制重点强调的内容是中长期经济运行分析与预测，以指导财政收支预测分析。其中，总统提交的预算文件主要包含十年期预测和长期（25 年和 75 年）预测，国会预算主要以基线为基础编制十年期预测和长期（75 年期）预测。

表 5–2　美国总统预算和国会预算的内容

预算方式	主要内容	具体内容
总统预算	十年期预测	预算总额、预算草案对主要项目影响，20## 年以来逐渐减少的赤字。按功能分类的基线、按功能分类的预算收支、预算占 GDP 比重、按人口计算的预算收支、平衡预算和赤字控制法案规定的基线到调整的基线、强制性收入、自主性支出（按功能分类和按部门分类）、经济假设、联邦政府债务
	预算分析展望：25 年和 75 年	预算政策下的 25 年预算赤字 / 盈余情况，未来 25/50/75 年的具体财政计划
国会预算	十年期预测	宏观经济预测、财政收支预测
	长期预测报告	预算预测、主要健康项目预测、社会保障预测、政府其他非利息支出预测、预算收入预测、不同财政政策对经济和预算的长期影响和长期预算预测的不确定性。

数据来源：美国联邦政府网站

2. 中期预算强调各部门间的配合。美国中期预算工作的开展需要多部门联合实施。其中，国会预算开展中，拨款委员会负责 5 年期支出预测报告和拨款议案的提出，及比较分析预算授权与决议中的预算额度；经济咨询委员会、财政部和管理与预算办公室则负责中长期宏观数据预测。管理与预算办公室还要根据预算提案出具预算的经济前提，以及根据比较对年度预算进行调整。每年 1 月，国会预算办公室在各部门协作基础上，根据获取的宏观经济、财政预期信息，完成年度《预算与经济展望》报告，同时将报告提供给预算委员会、拨款委员会，最终形成预算拨款与财政评估的重要依据。

5.1.2.2 绩效预算管理改革的主要内容

绩效衡量和绩效预算长期以来都是美国公共行政议程的重要部分。早在 19 世纪 70 年代的美国（如纽约市）和 20 世纪初（如纽约市实证研究局的预算局，该局现在为布鲁金斯学会）预算绩效初见端倪，伴随 20 世纪 30 年代大萧条时期，富兰克林 · 罗斯福担任总统期间，以及 20 世纪 40 年代中期和二战后，特别是艾森豪威尔总统任期内，各级政府尤其是联邦政府在经济快速增长时期，对绩效预算明显进行了初探，目的是应对地方政府层面的明显弊端。而纯粹的预算绩效管理的第一波浪潮发生在 20 世纪 50 年代，预算绩效通过效率和有效性以强调绩效的衡量，但基于绩效标准难以界定，预算绩效发展程度有限，随着时间推移，美国联邦政府、州和地方政府绩效预算得以持续发展，直到 20 世纪 90 年代，绩效预算逐步被预算和管理控制部门和垂直机构管理人员接纳使用，1993 年后推广到国会监督委员会成员使用，预算绩效的推广有效地拉近了民众与政府的距离，以“顾客导向”为标准逐步提高了公共服务质量，绩效预算成为美国国家绩效评估、全面质量管理的重要手段，也被归纳为开展新公共管理行为的重要举措。其中，《政府绩效与结果法案》的制定，明确了预算绩效管理工作开展的实施主体和主要内容，具体包括：

1. 明确预算绩效评价的实施主体。绩效评价的组织实施主要包括国会会计总署、总统预算与管理办公室以及联邦政府部门。各部门职责情况如表 5-3 所示。

表 5–3　政府绩效评价主要机构和职能

主要机构	机构职责
国会会计总署	接受国会委托，对预算部门的绩效计划、项目支出、专项转移支付进行绩效专题评估，授权各联邦部门的绩效评价管理办公室，对本部门的绩效计划和项目支出绩效自评价。
总统管理与预算办公室	协助总统对预算编制进行指导、制定与监督
各政府部门	负责向国会提交战略规划与年度计划

数据来源：美国联邦政府网站

2. 绩效评价实施方式。绩效评价主要依据各级预算部门所提交的绩效目标与绩效实施情况进行评价，美国《绩效法案》规定，所有的联邦政府机构每年均需向总统预算与管理办公室提交部门战略规划和年度绩效计划；总统预算与管理办公室则在各部门的年度绩效计划基础上，编制部门整体年度绩效计划，并归属于总统预算管理的一部分；各部门年度预算安排应与所设绩效目标保持一致，提交议会进行审议，联邦政府机构需向总统办公室和议会提交年度绩效报告，根据年度绩效目标对实际绩效结果进行比较。同时赋予项目管理者适当权限，明确机构必须制定六年战略计划，每隔三年进行调整。

3. 绩效评价的对象与内容。根据《绩效法案》要求，美国政府绩效评价对象包括机构、部门与项目专题，主要内容是以年度绩效计划为依据，设定绩效目标指标体系，并定性、定量细化信息与指标，同时赋予预算管理者责任与权限。绩效评价具体内容与范围涵盖任务过程、经济效益、综合影响、持续性和产生长期影响的绩效评价。

4. 绩效评价结果应用。评价结果应用有助于加强各部门管理责任落实，是提高政府支出效益与政府工作效率的重要方式，根据《绩效法案》规定，年度绩效报告包括：对实际绩效成绩与年度绩效计划的对比情况，未能达到绩效业绩的原因及未来能够实现的计划表与时间表；财政年度内完成项目评估的概述。

5.1.3 新西兰

20 世纪 80 年代，伴随全球性经济危机，新西兰的经济增长也下沉低谷，公共部门财政赤字亏损庞大，政府机构臃肿造成支出规模不断增长，1989 年末，新西兰仅政府净债务就占据 GDP 的 50% 以上，财政状况极度恶化，为缓解财政危机，新西兰政府开始实施预算绩效管理，同时，为提高政府预算的透明度和受托责任，加强政府财政纪律，开始采用多年期预算管理。

5.1.3.1 中期预算改革的主要内容

1989 年《公共财政法案》和 1994 年《财政责任法案》是新西兰开展多年期预算的法制基础，为提高预算透明度与强化政府受托责任，开始实施预算绩效。新西兰多年期预算管理的重点是对战略目标的多年期预测，提前发现与财政战略目标相背离的政府政策，同时制定的系统化的预算过程报告，一定程度上也改进了预算资源分配过程，提高并强化了预算透明度、效率与受托责任。《财政责任法案》明确要求，多年期预算估计涵盖预算年度及未来两年，但未针对中期财政战略设定数量化目标，因此政府的灵活性更强，以应对经济状况的变化。

1. 多年期预测估计的主体。新西兰预算过程总体上是高度“下移”，预测估计主体责任与财政管理相关责任都集中在部门层面，主要是由各部委进行。

2. 多年期预测的主要形式。整体来看，多年期预算主要采取增量预算，即要求政府机构每年都要更新年度支出基线预测，年度增加的部分被看作是改善年度基线水平，预算年度及后两年的基线估计报告主要由国库部门负责。一般而言，部门通常从其部门预算内为新增项目筹集资金，且不会因投入成本增加得到补偿，如重大项目或法律要求的新项目可获得额外资金。按照预算周期，新西兰各部委每年应提交提供三份重要文件，一是预算政策声明，包括政府短期财政计划及中期财政战略目标；二是公布《财政战略报告》，包括最新的财政估测，说明预算与“预算政策声明”战略与目标的差异；三是每年发布两次的多年期财政和经济预测，与政府独立估测进行比较。

5.1.3.2 预算绩效管理的主要内容

新西兰预算绩效管理体系的构建同样依托于制定法案的推动，其中1988年的《国家部门法案》和1989年的《公共财政法案》为预算绩效管理改革的推动奠定了激励机制基础，通过将预算管理决策下放，预算重点从投入转向产出，引入信息管理系统，逐步构建激励绩效考评机制。按照新西兰预算绩效管理实践，具体包括几个方面的内容：

1. 预算绩效管理的过程。新西兰预算绩效管理过程主要包括政治过程和技术过程。其中政治过程由部长和更高级别政治家完成。技术过程主要由部长以下的技术官僚完成，各自预算职能分工如表5–4所示。

表5–4　新西兰政府预算过程

预算过程	主要过程	具体内容
政治过程	预算编制	总理上台前，提出政府目标和预算报告；各部门根据政府预算目标分解部门预算目标，提出预算报告。
	部门预算报告	预算政策的说明、财政战略；产出形式的预算估计，部门年度计划报告。
	预算执行	月度预算执行情况，年度财政和其他绩效数据的绩效报告，审计报告。
技术过程	预算编制	机构绩效与多年战略和关键战略目标结合的政策分析，部门财务预测与预算，产出与绩效预算指标，预算执行月度报告，年度报告。

数据来源：I.ball，Outcome Specification，New Zealand Society of Accounting Public Sector Challenge：Defining，Delivering，and Reporting Performance，Wellington：Convention Papers，1992，11，pp.13–27.

2. 明确产出与结果的预算责任。其中，政府机构与部门负责人要对机构、部门能否生产的结果负主要责任，同澳大利亚和美国预算改革予以区分，新西兰预算改革在政治层面要对结果负责，而不要求管理层面负责，强化了制度管理者的责任观念。这一做法，《国家部门法案》将次以合同形式确定，也为部长和部门预算责任的划分创造了条件，这种模式为政府预算决策提供了更多有价值的信息，杜绝了预算领域长期存在的议员“分赃现象”。

3. 通过战略管理确定优先顺序。战略管理的优先顺序主要包括战略结果应用领域、战略实施的宏观目标设定、指导公共部门政策依据与政府关键绩效目标设定。通过优先顺序的制定，以保证政府总战略计划进一步落实到各部门战略计划，同时，部门战略计划与政府宏观战略优先顺序相结合，不仅保证了信息的全面，也突出了结果信息在部门管理中的重要作用。

4. 通过结果管理，改进信息质量，提升决策水平。为改进结果信息质量，新西兰建立“政府建议过程”制度，以此识别问题提出解决方案，其主要指标涵盖状态指标、效果指标与风险指标，状态指标用于描述当前状况，帮助政策制定者和决策者发现问题，改进项目优先顺序；效果指标评估政府干预程度；风险指标明确干预信息。不仅如此，新西兰为保证信息质量，还对政府决策进行评估，实现事前绩效评价。

5. 实行权责发生制，加强财务监督。为改革传统预算模式，新西兰实施权责发生制政府财务管理体系，构建了产出为基础、战略计划和资源配置相结合的财务管理体系，以保证各部门有效使用资产，对市场竞争供给者提供公平的采购服务。

5.1.4 澳大利亚

20 世纪中期以来，澳大利亚财政状况就开始明显恶化、财政赤字增加、债务余额升高，公众和金融市场对政府的信任度和政府支出行为的好感度明显下降，同时，为缓解因民众对政府的不信任而产生的政府信任危机。20 世纪 70 年代，澳大利亚开始实施了中央高度集权的支出规模控制的预算改革，以改善整体预算编制的质量与效果，但改革却不尽人意，由于中央政府过于统筹资源且不受约束，因此，进入 20 世纪 80 年代，澳大利亚政府出现连年赤字，前期的财政支出管理改革收效甚微。至此，为彻底改善政府预算支出规模大、效率低的问题，澳大利亚政府开始新一轮的预算管理改革，这一阶段的改革重点主要是提升政府预算的公开透明度，提升财政资金的使用效益与效果，首先，20 世纪 80 年代成为世界上首个引入中期预算的国家；其次，20 世纪 90 年代，在项目支出领域首先引入预算绩效。两项举动的开展使得澳大利亚成为国际上除英、美两国外，最早实现中期预算与预算绩效管理联合实施开展的国家之一。

5.1.4.1 中期预算主要做法

20 世纪 80 年代起，澳大利亚是最早开始引入中期支出框架并准备年度预算的国家。根据澳大利亚中期预算框架的法律规定，形成了“1+3”中期支出框架，即一年度预算 + 三年滚动财政计划，每年必须向国会提交年度预算报告与预算年度后的三年滚动财政计划，尤其是以报告年度为基年的滚动方式下，编制四年期的预算计划，预算计划既覆盖当年预算，还针对未来三年的预算进行估计。可见，中期滚动预算与年度预算相结合的多年度滚动预算，两者相辅相成。以此建立了中期滚动预算体系。具体来看，澳大利亚中期滚动预算编制主要包括四个方面：

1. 以经济预测数据为基础。预测数据之间存在紧密联系，尤其税收预测与宏观经济预测之间，其中，宏观经济预测每年在 4 月、11 月份实施 2 次，包括实际与名义 GDP、就业率、失业率、消费价格等指标预测，其中，6 月公布首期预算，12 月，以多年度为基础调整下一年度预算。此外，预算还涵盖了国际经济与主要贸易伙伴情况。

2. 以财政战略目标为导向。近年来，由于财政赤字严重，澳大利亚 2008—2009 年制定了“通过逐年缩减支出而增加未来储蓄”的中期财政框架目标。为此，其中期滚动预算提出年度赤字削减计划，逐步实现财政平衡。

3. 战略优先顺序规划支出。按照国家战略规划，各部门按照战略优先顺序提出多年度预算支出申请，然后提交审议，重点针对财政总量、战略优先顺序进行审议，以确定多年度政府支出规划。

4. 以基线预测为核心。为防止政府机构与部门超出实际需求制定预算申请，支出审查部门引入基线预测方法，作为中期滚动预算为裁决和解决冲突提供重要基础，即假设现行政策和活动需要后续支出，不变更、不出台新的政策前提下所需支出为基点，以此判断是否增加或削减支出。

5.1.4.2 预算绩效管理的主要内容

20 世纪八九十年代，为缓解公共管理部门财政压力，压缩政府机构、部门规模，澳大利亚各州开始酝酿并实施了预算绩效管理改革，先后经历了部分项目绩效评价到所有机构支出全面纳入绩效预算的改革路径，实践来看，主要重点关注三个方面：

1. 为实现财政资金的合理、规范发展，健全法律法规体系。澳大利亚政府先后对公共支付协议绩效与成果出台《基于绩效的支付协议法案》，修订《审计长法》明确规定绩效审计职责与内容，出台《财政管理与责任法》，财务管理层面界定部门与人员绩效职责，《公共服务法》则明确规定机构人员责任与权力的关系，逐步建立的公开制度、规范责任制和配套财务会计核算体系，为全面推开绩效预算打下坚实基础。

2. 设定绩效评价要素，明确考核重点。澳大利亚政府预算绩效评价因素涵盖

绩效目标、支出成本、投入产出与运行结果。考核重点集中于公共部门的“运行成本”和“项目成本”，其中，“运行成本”主要是政府机构和部门的基本支出费用；产出的衡量是根据机构职能确定的公共服务提供。“项目成本”主要以项目支出金额衡量，产出结果为政府机构的政策目标与工作重点产生的效果衡量。

3. 实施政府绩效评价战略。战略依据为《公共服务评价战略》，战略目标重点表现为：信息强调更为全面，帮助机构管理者提高绩效；加强预算执行政策的有效性，促进重点项目、产出的落实；提高政府机构与部门的社会责任感。评价战略具体涵盖一揽子评价计划、系统评价、政策规定、绩效结果发布要求和绩效评价技术培训五个方面。

5.2 经验借鉴与启示

5.2.1 国外改革经验总结

英国、美国、新西兰和澳大利亚中期预算框架下预算绩效管理改革的实践经验表明，完善的法律支撑体系，科学严谨的中期预测体系、与之相适应的制度环境、完备的绩效运行体系设计以及预算管理程序，是国外推进实现中期预算框架下预算绩效管理改革的重要经验做法。

5.2.1.1 完善的法律支撑体系

典型发达国家的经验表明，健全的法律制度，是中期预算框架下预算绩效管理有序推进改革的重要法制基础。例如，美国 1992 年通过的《政府绩效成果法案》（GPRA）以法律的形式规定了公共部门绩效评估及管理的强制性。澳大利亚政府《基于绩效的支付协议法案》的出台，基于公共财政支付协议确定支出绩效，同时重点关注支出结构与结果；通过制定《预算诚实宪章》《财政管理及问责法案》《公共服务法》等，确定了中期财政规划报告形式、内容，明确了权责发生制的政府会计制度，同时明确了预算部门、人员的绩效责任与权力关系。而新西兰的中期预算与预算绩效管理改革进程则是一系列立法的过程，通过新西兰各项法律的设立明确了改革的目标、原则和特别的革新技术使用，包括 1988 年《国家部门法案》、1989 年的《公共财政法案》，通过建立激励与问责机制，改进政府机构和部门负责人的业绩，提高政府绩效，从而报了公共部门新机制的顺利引入；1994 年《财政责任法案》通过细化财政管理责任的原则，提高绩效报告质量；1993 年的《通往 2010 之路》及后期的《后三年》《未来的投资》《新机遇》等法律文件的颁布，都对中长期政府发展规划进行了明确。各项法律的制定有利于获得社会公众的认可、支持与协作配合，有助于减少改革阻力、节约改革成本、推动改革进度，同时也提升了政府管理公共资金的透明度，改善了整个预算管理过程。

5.2.1.2 科学、严谨的中期预测体系

各国经验表明，在开展预算绩效管理的过程中，中期支出框架的制定与预测是预算绩效管理开展的首要工作。如英国开展绩效预算的首要工作是设定严格为期三年的部门支出上限额度，同时要求各部门签署《公共服务协议》，确立部门使用这些资源（现金）获得公民希望的关键绩效任务，同时，在中期预算基础上，制定并发布《部门投资战略报告》（DISs）、《公共服务协议》（PSA）、《绩效技术说明》（TN）和《效率技术说明》（ETNs），这些报告涵盖了各政府部门完成其目标所计划提供的公共服务规模与质量，是综合支出计划的关键创新，也是政府预算绩效评估的重要组成部分。各国编制中期预算的基础都是基于科学准确的经济与财政资源

投入的预测。澳大利亚的中期滚动预算主要取决于政府中期经济预测和财政预测的准确性与可靠程度，预算估计重点对未来四年的收支滚动基线预测。根据本章 OECD 四个国家的经验表明，控制风险、做好预测的方法是中期预算与预算绩效管理有效结合的关键，重点关注四个环节，即全面完整的信息披露；采取严谨审慎原则，进行灵敏度分析；应用、比较私人部门方法；要配备专业化从业人员，建立独立的分析预测机构。

5.2.1.3 重视中期预算框架下预算绩效管理改革的制度环境

国外实践表明，中期预算框架下预算绩效管理工作的开展不仅是预算模式的变化，同样需要各相关制度的配合。各国着重加强了对以下几个方面的制度建设，从而顺利推进了中期预算框架下的预算绩效管理开展。一是建立公共支出货币价值最大化和强调公共支出责任的制度环境。制度鼓励各部门提升资金使用效率和加强预算透明度建设，引导预算部门对项目计划、项目成本、产出和结果做出迅速、完整的绩效报告。二是建立代理人与委托人目标一致的诱因制度。预算执行过程中，可允许预算部门对已完成绩效后尚存剩余的计划经费，移做其他项目或经费使用，此制度性安排有助于预算部门支出成本的节约，而且符合委托人的目标。新西兰、澳大利亚、英国和美国的部分州都在开展此制度。三是健全国库集中支付制度和政府采购制度，中期框架下预算绩效管理开展的重要前提之一是为保证前提的顺利开展，经验国家多数建立了单一账户的具有国库管理职能的执行机构和政府采购制度，如澳大利亚财政部下设立财务管理办公室，负责国债国库的管理，美国成立政府采购政策管理办公室，设立招标采购法律，实施“物有所值”评价管理办法。四是建立权责发生制基础上的财务报告制度。国外经验表明，“受托责任制”的政府财务报告制度，能够充分显示符合财务情况与财务绩效的全貌，向社会公众提供如实评价政府财务状况和运营绩效的信息，有助于改进公共部门服务质量与效率。权责发生制的财务报告制度为量化计划和活动效率水平，以及评价随时间变化的财务情况提供了重要的机制，同时也能提供增强长期支持能力信息的方面，优化了政府中长期决策，拓展了公共受托责任的要求，提高了财务透明度，政府会计在各国的实际运用表明，权责发生制的采用是必然趋势。

5.2.1.4 设计完备的中期预算框架下的预算绩效运行体系

国家经验表明，完备的预算绩效运行体系，有助于中期预算框架下预算绩效管理改革的推进与实施。具体来看，一是保证年度绩效计划的确立。政府部门编制年度预算，首先应考虑的是在整体战略规划目标下，预算资金可投入的公共产品数量与服务水平。而衡量这一绩效的过程是通过制定以结果为导向的绩效目标、衡量目标的标准与方法、实现目标相应开展的活动与配套等。美国年度计划、新西兰绩效声明报告等，都为政府预算绩效目标评价提供了重要依据。二是提交绩效跟踪报告。为跟踪绩效目标开展情况，在中期预算框架下，一般要求部门管理者定期或不定期提供绩效报告，根据绩效报告的描述了解绩效目标完成程度。除澳大利亚、新西兰等少数国家提交月度绩效报告外，多数国家提供年度、中期或年终绩效报告。三是实施第三方机构绩效评价。为保证绩效报告的真实性、可信性，各国在开展绩效评价时通常会交由财政部门或第三方专业机构给予绩效评价。新西兰主要由财政部、审计部门、国库部门等完成绩效评价工作；美国由国家绩效评价委员会负责，澳大利亚联邦政府负责财政支出绩效的评价和监督工作。四是将绩效评价结果运用于年度预算和中期预算之中。绩效评价结果有利于政府经济目标和计划的调整，有利于了解公众偏好，各国实践表明，评价结果的应用与反馈是推进预算管理改革最重要的环节，绩效管理工作的开展的最终目的都是活的绩效评价结果，以反映到年度和中期预算之中。

5.2.1.5 赋予机构充分自主权与责任约束，建立有效的中期预算控制模式

预算机构与部门的灵活、自主管理与强化责任机制，是推进中期预算框架下预算绩效管理改革的有益经验之一，其不仅有助于机构负责人能充分发挥自身优势灵活管理部门，也有助于上级部门放权，提高下级部门工作开展的积极性，实践表明，预算绩效评价一定程度上会影响机构人员开展工作的积极性，但如赋予他们自行开展预算管理行为的权利，则会抵消预算绩效管理对其产生的排斥影响。如美国允许未使用完拨款部分可年末结转，澳大利亚整体拨款制度规定，部门管理者可自行决定资金用途，新西兰管理者则具备完全自主的人事支配权与政府购买服务的权力。无规矩

不成方圆，权力与责任对等，才能保障各级机构与部门间的公平性与持续性，这就要求在充分赋予政府预算、部门预算负责人灵活自主权的同时，还要完善问责机制，如英国各级预算负责人都要签订绩效合同，澳大利亚签订部门管理者个人绩效合同，合同到期能否续签取决于是否完成了部门绩效。

此外，还应注重建立有效的中期预算控制模式。各国经验表明，有效控制模式包括中央部门对项目支出的外部控制、项目部门对支出投入的内部控制，以及权力与责任对等机制。各国经验表明，在预算模式的内部控制较为完善的情况下，预算体制高度发达的国家仍十分重视外部控制，20世纪80年代末，英国建立了130个执行机构，机构有具体的政策文件表明机构自行处理的事务以及哪些问题要自行负责；新西兰将服务职能的机构从政策建议机构划分出去，引入产出制度，对中长期财政资源的分配与产出进行详细说明。澳大利亚既保留了综合部门，也将争取资源与运行决策权下放到执行机构。这样有利于在各部门充分了解自身情况的基础上，实施中长期的有效内部控制，同时，清晰、明确的资源分配说明与介绍，也有助于上级部门与公众的监督发挥对资源分配的外部约束作用。

5.2.2 国外经验对我国的启示

国外经验表明，中期预算框架下预算绩效管理改革是健全预算管理体制，提高政府资金效率与效果，提升政府效能的关键。同时，中期预算与预算绩效管理的开展中也存在一些亟待解决的现实问题，如组织评估很难与个人绩效评估的有效结合，由于长期激励机制的动力不足，绩效评估与部门中长期战略目标的结合还存在差距，随着日新月异的经济社会发展变化，绩效评估体系还需不断完善等问题，这些问题也说明，国外经验并非可全部借鉴，还要吸取精华，舍其糟粕，重要的是预算绩效管理要结合我国国情，扎实稳步予以推进，具体通过逐步完善预算绩效管理改革，通过年度与中期逐步结合，健全预算管理制度，推进政府治理能力的提升，有效、合法地保障民众的权益。

5.2.2.1 继续稳步推进预算绩效管理的改革

各国经验表明，推行预算绩效管理能够在一定程度上提高公共产品与服务的质量，提升政府效能，提高民众满意度。理论上，预算绩效管理是集合经济学、政治学和公共管理学为一体的综合内容，而从实践来看，预算绩效管理改革技术性较强、内容较多、涉及面广，同时，地区经济发展、财政收支规模存在较大差异，因此，在推动改革上也难免会出现不平衡，改革还需逐步分级进行。当前，国内开展预算绩效管理的实践表明，我国已逐步实现中央层面的预算绩效管理的推广，而地方层面还有诸多不足，甚至是尚未完全推开，因此，应借鉴国外推进经验，继续稳步扎实推进预算绩效管理改革：一是完善已开展地区实践做法，逐步全面深入推开。近年来，以北京、广东、上海等发达地区开展的预算绩效管理改革为基础，加快设立绩效目标管理体系，建立科学、合理的预算绩效指标体系，进一步优化预算绩效管理进程，因地制宜，逐步建立地方特色预算绩效管理体系。二是理念先行，程度循序渐进。将预算绩效管理理念引入政府机构与部门，对推动预算绩效管理将起到事半功倍的重要作用，有助于机构负责人与人员深入认识预算绩效管理的动因与目的，提高其开展工作的积极性。不仅如此，无论是开展预算绩效管理促进预算编制，还是财政资金实际运用环节改善预算执行，都有助于为中期预算框架下预算绩效管理的深入推进提供现实基础。

5.2.2.2 中期滚动预算与预算绩效管理的结合

各国实践表明，中期预算与预算绩效管理相辅相成，密不可分，通过年度预算与中长期国家战略规划、部门规划的衔接，有助于更好地推进预算绩效管理工作的实施与推进。在许多国家实行的中期预算框架被 World Bank、IMF 等国际机构和学术界视为推进预算管理改革的又一大进步[66]，中期预算框架下，不仅涵盖宏观经济预测、国家战略规划和多年度预算功能，同时，也是预算绩效管理实施的基础框架。

从我国实践来看，当前年度预算因为预算执行时间与财政支出的绩效“实现”评估所需时间不匹配，不能为绩效导向的管理方法提供有效框架。而国外改革实践表明，中期预算框架下的预算绩效管理，既满足预算执行时间与预算支出绩效评估的契合，也能反映出绩效在实际操作中的运用，对于完善推进预算管理改革具有重要作用。下一步，为更好地推进中期预算框架下的预算绩效管理在部门实践中的应用，可参照澳大利亚做法，在逐步深入推进中期预算管理改革基础上，完善预算绩效管理改革过程；实际操作层面，通过中期预算与预算部门战略规划、宏观经济规划和财政预测的相匹配，进行中长期预算绩效管理，提供多年度的绩效报告与公共服务合同，既能体现中长期预算绩效情况，也能让上级部门与社会公众及时了解财政支出的相关绩效情况以及公共产品与服务的相关运作情况，解决部门绩效责任划分不清、界定不明的问题。

5.2.2.3 完善中期预算框架下预算绩效管理的配套体系

国外经验表明，中期预算框架下的预算绩效管理改革，不仅需要中期预算管理与预算绩效管理的同步深化，还需要相关配套设施的完善，为推动预算管理改革提供基础与路径。目前，我国的中期财政规划不断完善，预算绩效管理改革也已逐步探索推动，未来为实现中期预算框架下预算绩效管理改革，还要从以下几个配套体系方面着手：

第一，改革应将政府指导推行与立法支持相结合。美澳等国的经验表明，为更好地推动中期预算与预算绩效管理的联动机制，将政府指导与法律框架相结合是比较高效的方式，不仅有利于社会公众的认可与支持，也有利于政府预算对改革的支持与协作配合，有助于减少改革阻力、节约改革成本、推进改革速度。第二，将权责发生制引入预算绩效管理。收付实现制有利于对现金支出的控制，但却无法体现政府财政支出成本和绩效信息，推行预算绩效管理改革和中期预算控制的背景下不占据优势，权责发生制能够一定程度上增强财政支出的透明度，对探寻合理的预算拨款规模，制定科学的绩效规划、调整未来绩效目标具有不可替代的作用。第三，部门充分的自主性、灵活性与责任挂钩。预算部门具有运营支出结构、充分了解部门信息特征，具有财政资金分配、管理和使用的先天优势，因此给予部门充分自主性和灵活性，有助于更好地营运和管理财政资源，但同时应赋予部门更多的责任，英国提倡的针对机构管理者签订绩效合同，与人员绩效考核相结合的经验都值得借鉴。第四，还要充分发挥预算绩效管理数字平台的作用。预算绩效信息平台的建设，有利于部门清晰把握绩效信息，了解财政资金流向、工作程序与实施过程，一定绩效信息的公开也有助于更好地实现公众监督。

第六章　推进中期预算框架下预算绩效管理改革的对策建议

6.1 推进中期预算框架下预算绩效管理改革的原则与思路

6.1.1 推进中期预算框架下预算绩效管理改革的原则

国际经验表明，构建中期预算框架下的预算绩效管理模式，有利于对财政支出的控制，对提高财政支出效率与效果具有重要作用。深化改革和完善预算管理模式，逐步构建具有中国特色的政府财政支出管理体系，推动政府资金使用效益的提高与政府行政效能的提升，应当全面深化预算绩效管理改革，充分发挥中期预算框架的战略规划导向作用，严控财政支出管理，加强公众监督机制，加快实现预算的公开与透明，不断完善现代预算管理制度，促进现代财政制度的完善与发展。中期预算框架下预算绩效管理的改革与发展，以三个原则为基础：一是战略规划导向为基础；发挥中期预算立足长远目光的优势，紧密结合预算绩效管理过程中的重点与痛点，通过深入分析、梳理国家整体战略规划、中期宏观经济规划、中期财政收支规划的机制运行，不断完善、改进战略导向的预算管理机制。二是逐步突破，循序渐进。美国、英国、澳大利亚等国家中期预算与预算绩效管理改革的实践经验表明，预算管理机制的改革经历了一个渐进式发展的过程，完善中期预算与预算绩效管理也同样面临一个循序渐进的过程，当前，应充分树立与融入预算绩效管理理念，完善相应机制，才能为中期预算与预算绩效管理打下更为牢靠的环境基础。三是公开透明，公众监督。实现预算信息的全公开，是政府作为国家公共资源受托方所应尽的义务之一，社会公众理应享有公共信息的知情权，提高对信息的了解程度才能更有利于公众对政府部门开展有效监督，以约束部门资金的使用与管理情况。以此为基础，加强公众的监督管理职能。

6.1.2 中期预算框架下预算绩效管理改革的思路

中期预算框架下的预算绩效管理改革，关键在于充分利用中期与绩效预算的深度融合，而当前中期预算与预算绩效管理改革还处于探索推进阶段，因此，为更好地实现深度融合，要求不仅更为深入地推进预算绩效管理工作，还要基于中期财政规划条件下推动中期预算改革，基于预算绩效管理与中期预算系统，形成以结果为导向、中期财政规划管理下的新型预算管理模式。其中，一方面以结果为导向，继续强调预算绩效管理的重要性，通过采用核心地位的预算绩效评价结果，融入年度预算编制、执行等预算过程。另一方面，更为强调中期预算并不是否定年度预算，而是将年度预算与中期预算实现更好地协调，二者关系将更为密切，年度预算必须在中期预算框架下编制，中期预算是在年度预算基础上进行时间上的延伸。基于中期预算框架下预算绩效管理的实施原则，还要重点围绕四个方面开展进行：一是以绩效目标为切入点，实现中长期宏观经济规划、中期财政规划与预算绩效管理的衔接。绩效目标的设定，不仅更为关注政府预算、部门预算和项目预算的单一预期实现效果，还强调各预算与经济财政规划的契合。高度衔接下，绩效目标才可进一步设立总目标与分目标，进而详细制定与目标相连接的工作程序与方法等。二是强化中期预算执行的监控管理。政府预算、部门预算和项目预算的执行进度如何，直接关系到财政资金的使用效果与下一周期预算的编制。过程中，监控识别管理预算的绩效总目标、分年度目标的执行情况，一方面有助于预算机构与部门了解预算的执行进展，及时发现问题并及时止损；另一方面，为财政部门、预算机构与部门开展预算绩效评价提供中期数据支撑，进一步帮助其实现预算改进。三是完善绩效评价机制。绩效评价是预算绩效管理的核心，绩效评价要理清各主体责任，绩效评价要“绩”“效”兼顾，即评价不仅要注重产出、结果，还要重视经济效益、社会效益的评价；建立科学的共性与个性指标体系，突出分行业、分类型的指标特征，开展高效、有效的预算评价。四是实现绩效评价的结果应用与反馈。绩效评价的结果来源于：中期绩效监控跟踪效果、预算支出事后绩效评价结果，将结果一方面应用于下一周期预算或下一年度预算，另一方面是重点改善部门的预算资金使用效率，发现问题、及时改进；反馈机制有助于财政部门与上级部门了解项目情况，而公开反馈机制，则有利于扩大社会监督范围，促进预算进一步公开透明。

6.2 深化中期预算框架下预算绩效管理改革的主要建议

基于上述改革原则与思路下为构建与我国国情相符的中期预算框架下预算绩效管理模式，还应从以下几个方面出发：第一，逐步完善中期预算与预算绩效管理的程序设计，中期预算的实现要首先落脚于制定与完善政府各部门战略规划与发展计划，其中，战略规划应重点强调以国家战略与仿真政策为基础导向，结合各部门的法定职责，以国家产业政策及政府战略规划为核心，进而研究制定包括政府机构、预算部门工作计划和重大项目在内的中长期工作发展计划。第二，逐步规范预算绩效管理流程，渐进推广事前、事中与事后绩效评价。即在财政年度内，各部门对各种项目支出的预算绩效管理工作给予具体说明形成绩效报告或计划，整体而言，绩效计划应属于战略规划的年度具体实施计划，这也是后续开展财政支出绩效评价业务的主要基础。

结合现有预算管理改革实践，短期来看，还要逐步推进预算绩效管理工作的深入开展，从中期规划的衔接为切入点，逐步完善中央与地方全面推进预算绩效管理改革制度保障、技术手段支持与组织人员培训管理的基础配套措施；完善全过程预算绩效管理的封闭化、链条式管理流程。长期来看，还要进一步结合地方特色实践，以中期财政规划与年度预算绩效管理改革为突破口，根据各级政府职能确定政府机构和预算部门规划、中期财政规划，以此构建政府、部门与项目支出的跨年度绩效目标体系，结合中期滚动预算改革，强化跨年度绩效目标考核。同时，适时结合我国部门预算改革需要，逐步探索绩效预算与中期预算相融合的预算编制体系。

6.2.1 全面推进、逐步深化预算绩效管理的改革发展

6.2.1.1 充分发挥绩效目标管理对预算绩效管理机制的导向作用

从国内外经验可以看出，绩效目标管理在全过程预算绩效管理中的重

要性不言而喻，下一步还应从三个方面着手充分发挥绩效目标的重要导向作用：首先，促进预算部门中长期战略规划目标与预算目标协同发展。预算绩效目标的设立可以促进和提升部门的战略目标，预算目标对战略目标，不仅是被动地适应，而是通过绩效预算方式，使部门战略目标更加明确、具体和可操作，虽然一年至两年的短期绩效目标实施可能对部门战略目标影响不明显，但通过绩效目标的长期实施，部门将会持续性提升和完善自身的战略目标，进而提高公共部门的服务与管理水平。其次，建设统一框架下、绩效目标可比和独特的绩效目标管理体系。绩效目标管理是基于预算部门整体计划，对未来所开展的财政支出行为产生的预期效果和预期效应提前设定，因此既要依托于预算部门统一中长期规划框架，又要涵盖自身部门属性可比、独特的特点，这样可促使预算部门对部门整体和项目支出产生的预期效果有较为清晰认识，有助于财政资金合理配置与支出结构的优化。最后，预算绩效目标的申报和审核促进实现财政政策和部门政策的有机结合。通过预算部门的绩效目标申报和财政部门的审核反馈，可有助于预算部门政策意图和内部信息的充分展示，避免信息不对称而导致的道德风险和逆向选择，从而实现通过程序设置预算过程，将财政政策和部门政策达到有机结合。下一步，地方政府还要继续督促各部门开展绩效目标管理工作，财政部门主动引导各部门设置符合部门特点、结合部门中长期规划、考虑部门实际的绩效目标的绩效目标管理体系。

6.2.1.2 重视事前绩效评估机制，逐步推广形成政策机制

总体而言，事前和事后绩效评价都对制定项目申报、编制预算和部门申报预算起到引导和支撑作用。但从引导绩效理念形成的角度来说，两者对于绩效理念的形成所产生的力度和承受的机会成本存在显著差异。事后绩效评价侧重于财政支出结果形成后的下一期绩效理念的形成，事前绩效评价影响项目申报将起到加重预算部门绩效理念的作用，对部门而言，一旦事前绩效评价处于较差或不合格的状态，其调整的机会成本要低于事后绩效评价完成后对项目或部门整体所产生的影响成本，因为事前绩效评价完成后，如若绩效评价达到较差标准，则部门可选择不再推进下一期项目设立或申报，甚至无须再消耗成本去设立或申请项目，而事后绩效评价则

一旦未达到评价标准是无法逃避已占用和消耗人力、物力成本所带来的损失的，因此事前绩效评估机制无疑是进一步对预算绩效理念的认同和融入。因此，在《全面实施预算绩效管理的实施意见》中明确要求开展项目事前绩效评估前提下，基于以上优势和北京事前绩效评价经验基础上，建议从中央层面开始进一步完善事前绩效评估政策机制，将事前绩效评价环节加快推广到各省级地区及以下部门与单位。

6.2.1.3 对政府预算重点项目和部门整体支出实行事中绩效运行监控管理

目前，从国内来看，除北京、山西等少数地区实现了省一级层面绩效运行监控管理的相关制度办法外，其他地区均体现在省级以下层面开展绩效运行监控。事中绩效运行监控管理作为全过程预算绩效管理的中间必要环节，对于绩效目标的完善、预算执行实施情况的监督、调整，尤其是对事前绩效评价和绩效目标管理尚不健全的地区而言，“亡羊补牢、为时不晚”的事中绩效运行监控意味着及时调整不合规、不规范的资金支出行为。下一步，还应从两方面进一步着手：一是完善预算绩效目标绩效监控模式。如可利用现有预算绩效管理信息系统和省级财政专项资金管理平台、全省财政资金在线监督系统，构建相应的预算绩效运行监控机制，其他地区可在实现开展预算绩效目标管理的基础上，对省级层面的项目开始试点。二是将绩效运行监控的工作范围集中于重点项目和关注度高的民生项目等，规模较小的预算部门可采取简易自评、财政部门抽查的方式，以防止绩效评价环节过多造成预算部门人力和物力的浪费。

6.2.1.4 完善绩效指标体系建设和预算绩效管理信息化建设

国内外实践经验表明，绩效评价指标体系的建设并非一蹴而就，部分地区的经验说明还需经中央级部门与省一级部门对于共性指标的整体把握与各级预算部门对个性指标的重点识别。当前，我国部分地区建立的分行业、分类型绩效评价指标体系建设较好体现了从评价对象角度分类的共性和个性指标设计，虽然指标对于日益更替、跨部门、跨行业还需深入扩展，但对于其他地区在共性和个性指标构建方面提供了很好的借鉴，进一步来说，绩效指标体系的建立可以从评价对象的角度出发，结合政府预算与项目预算开展的实际情况，分类设定个性化绩效评价指标体系，如依照行业划分，设置教育、科技、卫生医疗、支农、文化体育类等领域个性指标；或依照预算功能分类，设置基础设施建设、政策研究类、会议培训类、大型修缮类、办公设备专用设备购置类等领域个性指标。此外，还应基于财政绩效管理信息化系统，将绩效评价指标通过省级平台上传，实现实时、动态共享，预算绩效信息化管理的建设，提升绩效管理质量和效率。通过预算绩效信息化系统的建设，利于交叉指标的共享和新增指标的补充，充分解决省级政府由于对地方情况不了解把握不准、兼顾不全共性指标的情况以及各级预算部门不会制定、难以识别绩效指标的现实困境。另一方面，将预算绩效管理系统嵌入预算编审系统，使绩效目标、事前评估、绩效评价等内容的填报成为常态化，从而无形中融入预算绩效管理理念，也促使部门负责人或项目负责人对此更为重视。此外，可进一步完善预算绩效管理信息系统的学习功能，通过实时共享更新指标、网上学习与线下培训相结合，解决各级预算部门的预算绩效管理人员水平参差不齐的问题。

6.2.1.5 构建激励与问责相容的绩效评价结果应用体系

绩效评价结果作为预算编制和绩效目标管理的参考依据，既是全过程预算绩效管理的最终落脚点，也意味着新一轮预算的起点，结果的好坏或者能否得到相关预算部门或单位的重视，直接影响其他一系列预算管理环节工作的开展。2018 年 12 月，财政部修订了《财政管理工作绩效考核与激励办法》，2019 年 6 月，对提高财政资金使用效益较为突出的地区下发了财政管理工作绩效考核奖励资金，从中央到省级层面实现了绩效评价结果应用的奖励机制。因此，部门可结合该办法，建立实施具有地方特征的财政管理奖励办法。同时，建议以项目负责人、部门负责人为绩效评价结果应用问责主体，加快年度与中期绩效评价的结果应用到政府绩效考核、部门综合考核和个人晋升考核中，促进中期财政规划与官员任职机制的时间保持一致，倒逼各预算部门认识预算绩效管理工作的重要性，进而将绩效理念融入日常工作，真正发挥全过程预算绩效管理体系的功效。此外，下一步还要逐步实现基本公共服务领域绩效评价报告的全公开，让公众充分参与、融入预算绩效管理工作，更好地让政府接受社会监督，实现更为透明化的现代政府建设。

6.2.2 逐步促进中期预算与预算绩效管理的衔接联动

6.2.2.1 兼顾绩效与中期理念制定中期财政规划

当前，我国中期预算的开展是以中期财政规划为前提，因此，为推进中期框架下预算绩效管理的改革，短期内，建议从中期财政规划制定入手逐步将绩效理念融入中期财政规划的制定中，帮助预算部门合理规划安排跨年度项目支出。结合目前实践，针对中期财政规划开展的已有做法，还要着重从以下两个方面着手予以改善：一是中期财政规划与国家国民经济和社会发展规划、宏观经济规划相融合。中华人民共和国成立以来，国民经济和社会发展规划对我国经济发展起到了重要的指引作用，为中期财政规划提供了重要的战略指导，为推动中期财政规划伴随经济发展更好地引导预算决策，实现政策通过预算项目支出的落实，建议为推进国民经济发展规划与中期财政规划的更好融合，将中期财政规划改为五年周期的滚动预算机制。二是关注跨年度预算绩效变化情况，科学、及时、合理地调整中期财政规划，逐步实现中期滚动式预算。为避免由于经济社会发展的不确定性或其他特殊原因，造成预算支出安排与项目实际运行情况的脱节，结合国际经验，可实施以3—5年的中期规划为基础，各年度滚动式的调整财政计划安排的中期滚动式预算，相机调整以确保财政政策与宏观经济调控政策保持连续与一致。

6.2.2.2 强化中期财政规划对年度预算的约束力

中期财政规划与年度预算相辅相成，密不可分。实践中看，年度预算的执行好坏直接影响中期财政规划拟定的目标是否能完成，而中期财政规划的合理制定与否，又决定了年度预算绩效目标是否科学合理。可见，中期财政规划对年度预算具有重要的指引作用，因此，为逐步推进全过程预算绩效管理的实施，还要从中期财政规划与年度预算的结合入手：一是推进年度预算与中期财政规划的绩效目标相契合。年度绩效目标的设定是基于中期财政规划的总目标所设，因此，预算项目的申报，必须在中期财政规划设定的范围内确定分年度绩效目标，根据拟设分年度目标，预算部门提交可行性研究方案，以绩效目标为切入点逐步健全分年度预算项目的约束管理机制，全局性、科学性的绩效观念引入中期财政规划改革，不仅有利于完善年度绩效目标设定的科学性，也有助于跨年度间盲目性和重复性项目的产生。二是中期财政规划逐步纵向深入发展为中期预算，打破预算编制的年度时间局限。中期预算的编制是在一个较长时间统筹协调财政收支，促使财政资源获得中长期有效配置，实践表明，年度预算易忽视了中长期财政利益，部分财政收支短期内合理，但长期内却与中长期财政规划相悖。因此，为推动年度预算与中期财政规划的深度结合，未来还应将中期财政规划逐步深入推进，将规划与预算深入融合，逐步构建中期预算框架，进一步强化年度预算改革的约束力。

同时，为解决实施中期财政规划与行业规划存在"两张皮"的问题，建议在中期财政规划编制之前，由各部门、单位领导牵头，先行一步科学编制行业发展规划，从总体上明确各行业的发展方向和目标定位，合理确定本部门年度工作任务，及时提供部门基础信息和相关行业数据，为中期财政规划编制提供良好支撑。在此基础上，由各部门、单位财务部门负责，与所有业务部门密切配合编制三年滚动财政规划，从而使三年财政规划真正实现与行业发展规划的有效对接，更加符合部门、单位的客观实际，并真正为促进行业发展提供有力的资金保障，也为财政部门统筹安排财政资金提供依据，从而有效发挥财政资金的使用效益。

6.2.3 提高中期预算框架下宏观经济与财政收支预测的质量

国家战略规划的制定是推行中期预算框架下预算绩效管理的起点，而科学、准确的经济、财政收支预测则是制定战略规划的基础，为中期预算和年度绩效预算的有效衔接提供了有价值的重要参考依据。作为中期预算框架下最为重要的组成部分，整个预算过程的质量很大程度取决于科学、合理的中长期预测。

6.2.3.1 实现科学、综合的中长期预算准备程序

结合我国当前预算绩效管理开展的现实情况，实现科学、综合的中长期预测准备程序还应着重关注：一、宏观经济和财政收支预测的协同。中

期预算解决的是未来五年政府预算收支的科学性与准确性问题，而宏观经济与政策框架是为中长期建立政府预算提供基础，阐明政府的政策目标及其优先性，以及选择这些政策目标所基于的经济环境和对可支配政府财力水平的预测。新中国成立以来，宏观经济的预测分析工作主要由发改部门和统计部门负责，而财政收支的预测主要由财政部门负责，部门间缺乏连接机制，无法实现对经济与财政收支数据的完全共享，但国际经验表明，跨部门的预测咨询机构有助于部门间对数据的监督指导，因此，未来还应重点强调实现三个部门的协同共享机制。不仅如此，对经济与财政的预测不仅是就预测而预测，更作用于阐明财政政策对宏观经济的影响，以及财政政策与宏观经济政策的协调。二、形成预算政策报告。预算政策报告是中期与年度绩效预算衔接不可或缺的一部分，报告内容应详细列出政府短期财政计划（1—2 年）、中期战略目标及说明中期和年度预算衔接的基本内容，其中重点应放在评估政策的优先性和未来五年的成本效益上。三、形成债务报告。依据中长期经济和财政预测报告，要及时公布政府债务总额，将其作为财政支出限额的重要参考依据，制定年度预算的支出限额，保障预算的连贯性。

6.2.3.2 预测财政收支应遵循简单原则

首先，财政收支预测方法众多，就计量模型而言，每一种计量模型都可以进行财政收入预测，但是，根据以上分析可以看出，仅包含 GDP 变量的回归模型对于财政收入的预测更接近于实际值，因此财政收入的统计更应遵循简单原则，即构建的预测模型并非越复杂越好，还应基于多年的数据测算为依据。因为在其他相同情况下进行预测，简单模型优于复杂模型，与复杂模型相比，简单模型的参数容易精确估计；简单模型容易解释、理解和检查，更容易识别出模型的异常变动；简单模型更容易从直观上把握内在机制，从而有利于决策。其次，静态与动态结合。为了配合中期滚动预算的编制，反映财政收支变动的动态特征，预测财政收支应采取静态和动态相结合的方式来进行。即既要利用历史数据对财政收入进行外推的预测，也要不断更新数据进行实时的滚动预算。再次计量模型预测和经验判断相结合。鉴于现阶段各级政府财政收支预测工作开展的情况存在较大差异，各级政府财政部门进行财政收支预测的人员素质参差不齐，要在短时期内要求各级所有政府财政相关机构进行财政收支预测都完全采用现代计量模型，可能还难以做到。最现实的要求是，原则上要求财政收支预测部门进行财政收支预测时，要以计量模型预测为主，经验判断为辅，两者有机结合，未来过渡到主要以计量模型预测。另外，加强财政收支预测基础性工作。由于财政收支预测属于一项前瞻性和预见性比较强的工作，是财政管理精细化工作的延伸，而且加强财政收支预测工作需要一定的前提条件，比如预测人员是否具有比较好的预测知识；财政相关部门能否提供及时、全面和真实的数据信息，都对预测工作能否有效地开展起到至关重要的作用。所以，加强财政收支预测基础性工作是做好财政收支预测工作的前提。

6.2.3.3 加强财政收支预测基础性工作

一是加强预测人员的预测知识培训，要求各级政府财政部门预测人员掌握先进的实用的预测知识和方法。二是加强预测软件使用的培训，由于现代计算机技术突飞猛进的发展，而且现在大量的财政数据不断出现，在这种大数据的背景下，使得高效率地处理财政数据并进行成功的预测变为可能，如果不利用现代计量软件进行数据处理已经很难完成预测任务。但由于现在政府各级财政部门处理数据还只是机械地使用一些简单的计算软件来进行，已经不能适应现代财政工作的需要，必须要让财政收支预测人员和相关人员具有数据使用更为灵活和操作处理数据能力更为强大的软件的能力，要使得财政收支预测人员和相关人员具有软件编程能力，必须加大力度加强这方面的工作。建议使用 Spss、Stata 等软件，如果要从事更为复杂的建模和预测工作，最好使用更高级的编程计算软件 Matlab，使用编程语言的软件具有非常强大的数据处理和计算能力。此外，为推动中期预测的发展，还应建议成立综合性的专门的财政预测机构。因为日常的财政收支工作非常繁杂，而且，对财政收支的预测涉及多个部门，而且是一件非常繁杂的工作，预测财政收支应多视角进行，相互补充，相互配合，必须采取分类与综合的方法预测，即在综合性的财政部门和专门的财政预测部门，既要对财政收支总的变动趋势进行预测，也要对财政收入和财政支出结构进行预测，要把这两者结合起来预测。把财政收支预测作为经常性的工作来抓是财政工作精细化的客观要求，加强这项工作势在必行。因此，为了全面统筹财政收支预测工作，建议成立财政预测机构，专门负责财政收支预测的统筹、协调、汇总和上报预测结果。为决策机构提高决策的科学性提供强有力的技术支撑。

6.2.4 逐步健全设计科学、管理规范的预算管理程序

设计科学、管理规范的预算的管理程序，将有助于提高预算效率，实践中，政府预算是以绩效为导向分配财政资源，而预算管理程序如不健全，也将严重影响以资源分配为主要形式的预算效率。因此，预算管理程序是推进中期预算与预算绩效管理改革能够顺利、稳定、持续推进的重要基础。结合当前预算管理程序仍存在的问题，建议从以下几个方面推进预算管理程序的改革：

6.2.4.1 延长预算编制和审查时间，提高预算审查效率

为保证预算的质量，提高预算的有效性，建议延长预算审查时间与提高预算审查效率。无论是中期预算还是年度预算，都具备较强的专业性，针对当前三年滚动中期财政规划编制时间过短导致编制质量不高的问题，建议适当延长财政规划编制时间，以保证基层预算单位和主管部门都能有比较充分的时间对项目库建设进行比较充分的征集、论证和汇总。特别是基层预算单位的项目库建设是整个部门项目库建设的基础和依据，其三年滚动财政规划编制的质量与其项目库建设的质量密切相关，如果不给与其充分的编制时间保证，可能会给其未来的业务发展留下隐患。

为保证预算的质量，提高预算的有效性，建议适当延长预算审查时间与提高预算审查效率。无论是中期预算还是年度预算，都具备较强的专业性，因此建议可适当增加人大对预算审查的时间，此外，可通过清单、专栏形式，有重点地细化预算审议项目，以便更为清晰地了解预算项目与支出情况。具体来看，建议一方面提前让人大代表参与到预算编制的过程中，如北京市邀请人大代表参与预算绩效目标管理与事前绩效评价；另一方面通过在人大会前将预算报告提交给人大代表，邀请相关专业人员为其

讲解，为保证科学、严谨化的预算审议，提高预算的有效性，建议将审议重点进行细化与区分，其中，重点审议中期预算与年度预算的衔接；强调细化预算审查项目的来源、绩效目标、资金分配情况。另外，为解决“二上二下”预算编制中部门不断膨胀的支出需求，考虑到在中期预算框架下实施预算绩效管理，建议“自上而下”与“自下而上”相结合的战略程序。通过“自上而下”预算模式，确保上级部门在预算过程中给予强有力指导；“自下而上”是预算机构与部门能结合自身绩效目标，确保年度预算与中期预算的衔接，同时，根据部门需要，及时调整衔接内容，保证重大战略任务的实现。

6.2.4.2 逐步完善预算编制的流程设计

我国的预算管理主要涵盖政府预算、部门预算、项目支出预算和支出政策预算。现阶段，我国主要实现了政府预算、部门预算与项目支出预算管理。而广义上来看，政府机构、部门预算管理覆盖项目支出预算，还涵盖了人员经费与公用支出的基本支出预算，现阶段，我国实施的预算绩效管理主要以项目支出预算为主，下一步为推进政府预算绩效管理的实施，还应加快对机构基本支出的预算绩效管理的深入。结合美国联邦机构、英国和澳大利亚对政府预算绩效管理改革的实践来看，从项目支出绩效预算到基本支出绩效预算改革，是推动部门绩效预算改革的现实路径。因此，借鉴国外经验，下一步可从继续加强项目支出预算编制流程为出发点，以项目支出预算绩效结果作为部门、政府预算绩效管理的改革依据，实现预算资源的高效配置。可结合当前地方政府，如北京推动部门预算绩效管理改革的做法，逐步实现事前事中和事后的预算绩效管理改革。

（1）推进事前绩效目标管理。通过预算部门对中长期绩效目标的设置，一方面可以更清晰地把握预算部门的中长期财政开支，另一方面更为清楚地明确以财政支出为出发点的政府部门工作开展的实施情况与实施效果。因此，政府机构和预算部门各类项目支出以及逐步纳入的基本支出等分类支出绩效目标的制定与明确，为推进政府预算目标绩效管理提供了依据与范围，也是展开各级预算重点、重大项目实施事前绩效评价的基础。

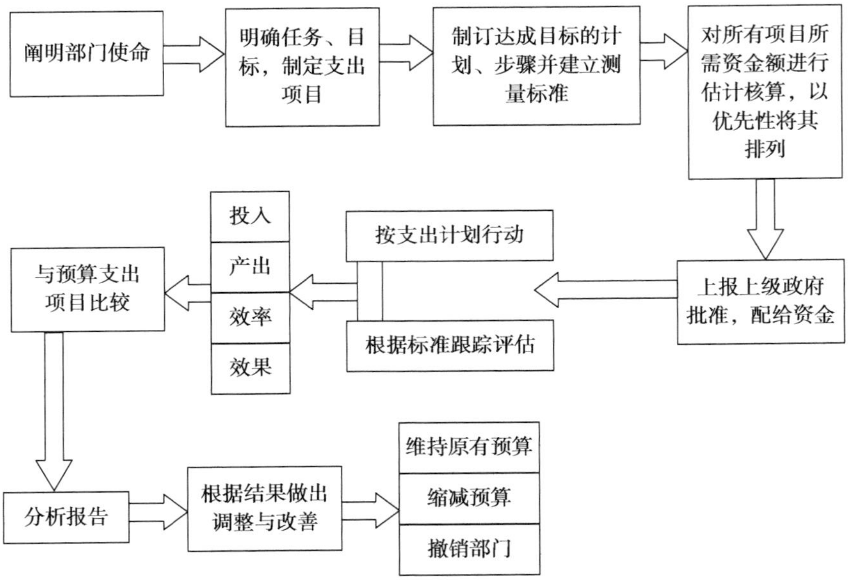

图 6-1　绩效预算编制流程[2]

（2）逐步开展中长期项目的事中绩效运行跟踪与评价。中长期预算周期长、资金规模大，为防止事后评价可能存在成本损失、项目失败等问题，及时对政府与部门预算止损，有必要实施绩效运行监控与事中评价。为更好地促进事中绩效运行跟踪与评价工作的开展，实践中，可将项目支出的绩效目标实现与部门目标相融合，以项目入手深化绩效理念，逐步拓展到部门各项支出预算之中。

（3）加强事后绩效评价结果的应用与反馈。事后绩效评价结果最终以形成对项目支出绩效目标完成情况和产生效益情况的分析为体现，根据评价结果以调整与改进项目支出预算，同时，建立事后绩效评价结果反馈部门机制，可以为政府机构与预算部门预算的整体分配改进提供依据，也有利于上级部门根据绩效评价结果调整预算，优化部门整体支出结构。

6.2.5 构建中期预算框架下预算绩效管理改革的配套措施

6.2.5.1 加快推进权责发生制的财务报告制度改革

权责发生制政府综合财务报告是反映各级政府整体财务状况和财政中长期可持续性的报告，能从广度上和深度上充分反映政府财务信息和受托责任。权责发生制政府综合财务报告有助于信息使用者客观地评价报告主体的运营业绩和现金流量情况，评价报告主体遵循中期财政规划的情况，从而提高中期财政收支的透明度。权责发生制政府综合财务报告可以通过对政府提供的公共服务进行量化分析，有利于客观评价政府执政能力，改进政府公共服务供给的质量，强化政府的受托责任。政府综合财务报告不只包括政府的收支，还包括政府的资产负债等多方面内容，这对促进预算的进一步公开透明具有推动作用。政府综合财务报告制度是构建中期财政规划执行的一种长效约束机制，通过提供政府资产负债、收入费用表等多方面的政府财务信息，体现政府预算执行结果和财政运行中的风险，发挥对财政收支的有效约束和规范管理，有利于政府提高防范财政风险的能力。

目前，我国已逐步推开了省区市权责发生制财务报告制度改革，推进改革成效显著，但由于改革时间较短、配套机制改革尚不完善，因此制约了改革的进一步深入。为进一步加快权责发展制的综合报告制度的全面实施，还需从以下几个方面加快推进：一是完善科学编制方法。总结梳理推广试编经验，加快政府预算会计人员培训，为会计人员提供方法与技术保障。二是完善数字化政府会计管理系统建设，推动与绩效信息的相融合。综合财务报告覆盖大量的财务数据信息，传统的以人工操作为主的核算技术，难以高效地处理大规模的财务信息，随着预算绩效管理工作的逐步完善，绩效信息数量的逐步扩充，势必要将政府财务信息和预算绩效信息紧密结合，不仅要逐步完善财务核算、总算和决算的政府预算会计管理系统，还要在基于预算绩效管理的基础上，逐步构建更为完善的预算绩效管理与政府会计相结合的财政支出管理系统。三是深化政府会计配套设施的改革。加快权责发生制基本准则的逐步建立与完善，深化政府财务会计与预算管理的制度衔接；提高综合财务报告对内对外的公开透明度，对内对外健全信息公开机制，逐步完善政府资金管理；面向监督机构、公众稳步公开政府部门的财政支出与财务信息，接受政府部门与社会公众的双监督。

6.2.5.2 实现中期预算框架下的预算绩效管理的法制化建设

法律法规体系建设是推进中期预算框架下预算绩效管理得以有效实施的重要前提，预算管理是涉及举国上下的重大系统工程，如果没有强制性、约束性的法律法规作为准绳，将难以保障改革的顺利实施。目前，我国全方位的预算绩效管理改革刚刚起步，中期财政规划改革仍需推进，而现有两者的规章制度的法律层次还比较低，使得协调部门之间关系时的难度加大，也阻碍了改革的深度开展，因此，需要进一步完善相应的法律体系。通过制定一系列法律法规给政府行为“定规矩”，将权力关到制度的“笼子”里，使政府最终真正成为人民满意的责任政府。因此，要完善中期预算、预算绩效及政府治理法制化建设，一是要尽快颁布《预算法实施条例》，真正落实《预算法》，使中期财政规划、预算绩效管理有法可依，增强预算实施过程的权威性、规范性；二是及时修订《预算监督条例》及《政府审计条例实施细则》等。进一步完善预算监督及政府审计方面的规章制度，是强化对各级政府行为约束力，防治腐败行为的重要制度保障。三是国家应尽快将《政府信息公开条例》提升到《政府信息公开法》层面。“阳光是最好的防腐剂”，提升预算透明度是打造责任政府的关键关节。预算不公开透明的政府是公众“看不见的政府”，而对一个“看不见的政府”来说，它怎么可能是一个对人民负责任的政府呢？我国一直没有将《政府信息公开条例》上升到法律的层面，这既不利于建设廉洁、高效的服务型政府，公众的知情权、监督权也在很大程度上被削弱了。因此，尽快出台《政府信息公开法》对于减少官员腐败，使政府赢得公众信任可谓意义重大。此外，应逐步从立法层面到行政层面，预算绩效管理与干部任期制相结合，中期预算与离任审计相结合。总之，规范中期预算框架下的预算绩效管理的法律法规要有令必行，不仅需要明确执法主体承担的法律责任，而且也必须明确追究执法主体不作为的法律责任。

6.2.5.3 搭建数字化绩效信息平台，实施全面规范的预算公开制度与公众监督制度

以政府为主体开展的预算绩效管理，较于企业和个人经营行为应更为透明与公开。其原因在于政府资金主要来自企业与个人所缴纳的税收收

入，因此，公众作为“纳税人”的身份，有必要对政府是否科学、合理支配财政收入给予判断。而伴随社会整体需求的提升，社会公众则更加注重要求政府支出分配的合理化，以满足社会群体发展需要的迫切性也更为明显。因此，政府预算绩效管理实施的目的，不仅在于提高财政资金的使用效果与效益，还承载着公众对政府信任机制的构建。因此，完善公众监督机制，实现政府支出的公开、透明，是实现预算绩效管理改革实效性的第一步，也是推进政府治理体系与治理能力现代化改革必不可少的一部分。当前，可通过预算绩效管理系统的数字化建设，一方面为公众监督预算绩效管理行为提供监督渠道，另一方面，通过各类预算绩效信息的上传，有利于绩效信息的共享和补充，帮助预算绩效管理人员充分学习和掌握不同行业、类型的绩效信息；同时，通过预算绩效系统嵌入财政管理系统，使中期财政规划、预算编制、绩效目标管理、事前、事中和事后绩效评价、绩效报告成为常态化，无形中让预算绩效管理人员树立绩效理念，督促各部门人员加强对预算绩效管理的重视程度。

结 论

1998年，五年国家财政发展规划的设立推开了中期预算改革的大门；2000年以来，财政支出绩效评价的试点拉开了我国预算绩效管理改革的序幕，促进财政支出管理改革取得显著成效。财政作为国家治理的基础性支柱，经济社会运行状况的综合反映，受经济近年来减税降费和经济发展增速换挡等影响，财政收入步入中低速增长，收入一定程度下降，又基于财政保改革、促发展任务要求，支出压力加大，进而财政收支矛盾进一步突出，迫切需要改变传统预算管理模式，提高财政绩效，保障财政事业的健康可持续发展。

在此复杂新形势下，2018年党的十九大提出“建立全面规范透明、标准科学、约束有力的预算制度，全面实施绩效管理”；同年9月，中共中央、国务院下发了《关于全面实施预算绩效管理的实施意见》，预算绩效管理改革成为当前完善现代预算管理制度、推进现代财政制度建立的重要途径。预算绩效管理，以绩效目标、支出责任绩效评价和结果运用为基本环节，有助于提高政府效率、提高财政资金使用效益与效果，同时，也为解决预算决策与财政支出、中期规划脱节提供了重要方法，有助于弥补“重投入”导向预算不足和资金分配混乱问题，有利于提高财政资金使用效益。但是，由于目前预算绩效管理工作的开展仍处于实践探索阶段，推进中难免会存在一系列的改革问题，如当前预算绩效管理的推进主要以短期、年度预算为主，短期化的预算绩效管理虽有助于夯实预算绩效改革的制度保障、技术手段和组织人员等实践基础，但长期看不利于财政资源跨年度的有效配置，不利于长期财政目标的实现。中期预算框架是联结宏观经济计划与财政规划的主要手段，对于推进中期财政可持续发展、完善绩效管理具有重要的作用，国外经验表明，其重点能够弥补由于年度预算短期化导致的中长期财政利益分配难等一系列问题，因此有必要推进中期预算框架下的预算绩效管理改革。此背景下，本书首先梳理了中期预算框架下预算绩效管理改革的国内外现状和相关理论，构建了相对完善的中期预算框架下预算绩效管理改革理论基础，回顾了中期预算与预算绩效管理的政策演进与现状，提出在全面推进实施预算绩效管理的大背景下，构建中期预算框架下的预算绩效管理现实可行性。根据中期预算与预算绩效管理改革的现实考量，拟构建中期预算框架下的预算绩效管理模式，同时，发现构建模式下存在的难点与问题。最后，提出了推进中期预算绩效框架下预算绩效管理改革的相关建议。基于此，本文得出的具体结论主要有：

（1）现阶段，推进中期预算框架下预算绩效管理改革具有理论与现实必要性。中期预算与预算绩效管理在逻辑上存在高度相关性，二者均以控制支出为核心，以结果为导向，旨在有效缓解财政收支矛盾，优化财政资源配置，提高国家政府治理的效益与效率。同时，两种预算机制作用重点不同，利用不同手段和途径改善预算管理模式，约束资源总量，提高政府治理效能。两者的有机结合而产生的综合协同效应，将更有利于提高政府预算管理的效率。

（2）中期预算与预算绩效管理改革的实践表明，两者衔接协同推进发展具有一定的可行性。本质上来看，中期预算与预算绩效管理存在天然有机的联系，近年来，我国不断完善的法律制度条件为两者的协同发展提供了制度基础，同时，全面推进预算绩效管理改革的措施不断深化，地方开展预算绩效管理的实践内容也在不断深入。

（3）根据中期预算与预算绩效管理改革的现实考察，还需要从综合中期预测、中长期绩效目标管理与事前绩效评价、绩效运行跟踪监控与事中绩效评价、事后绩效评价与结果应用，建立中期预算报告的制定与公开机制五个方面构建中期预算框架下的预算绩效管理改革。

（4）当前，由于我国中期预算与预算绩效管理改革都仍处于探索完善阶段，因此，构建中期预算框架下的预算绩效管理模式，还存在一些问题，如中期预算仍处于过渡阶段，预算绩效管理改革还处于探索推进阶段，现有预算管理模式仍不足，难以支撑改革推进；预算配套尚不完善，不利于改革顺利推进；预算法律机制约束乏力，制约着改革体系的构建等。

（5）OECD 国家中期预算与绩效预算改革对我国推进中期预算框架下的预算绩效管理改革具有重要的借鉴意义。英国、美国作为早期推动预算绩效管理改革的先驱者，研究两国的改革发展路径，有助于帮助我国在推进改革过程中少走弯路，借鉴参考。新西兰、澳大利亚作为在中期预算与绩效预算“现代模式”开展较好的应用国家，中期预算框架的建立以及相关激励问责机制的构建对本研究具有重要的参考价值。

（6）国际经验表明，实现中期预算框架下预算绩效管理改革，有利于对财政支出控制、提高财政支出效率与效果具有重要作用。深化改革和完善预算管理模式，逐步建立符合中国国情的财政管理体系的预算绩效管理制度，推动提高财政资金的使用效益与政府行政效能的提升，应当全面深化预算绩效管理改革，充分发挥中期预算框架下绩效目标的战略导向性，严格控制财政支出，完善公众监督机制，加快实现预算的公开与透明，不断完善基本的现代财政制度。因此，还要基于战略导向、循序渐进、公开透明的原则，通过推进预算绩效管理改革、逐步促进中期预算与预算绩效管理的内容衔接、提高中期预算框架下的宏观经济与财政预测质量、健全科学、管理规范的预算管理程序、构建中期预算框架下预算绩效管理改革的配套机制五个方面，逐步实现中期预算框架下预算绩效管理改革。

参考文献

[1] Yimer N..Medium Term Expenditure and Budgetary Practices in Ethiopia [J].International Journal of Economic and Business Management, 2015（4）：23–38.

[2] 中国财政学会绩效管理研究专业委员会课题组. 中国财政绩效报告（2019）—地方经验 [M]. 北京：经济科学出版社，2019.6.

[3] 中国财政学会绩效管理研究专业委员会课题组. 中国财政绩效报告（2018）—理论与实践 [M]. 北京：中国财经出版社，2019.3.

[4] Ingraham，Patricia W.，Joyce，Philip G.，Donahue，Amy Kneedler.Government Performance [M]. Johns Hopkins Univ Pr，2003–08：134–145.

[5] Robinson，Marc. Result information. In Performance budgeting：Linking funding to results，[M]. Basingstoke and New York：Palgrave Macmillan/IMF，2007：26 - 45.

[6] Osborne，T. &Gabler T.Research government：How the entrepreneurial spirit is transforming the public sector [M].MA：Addison–Wesley，1992：162.

[7] Mwita J I.Performance management model：a systems –based approach to public service quality [J].International Journal of Public Sector Management，2000（1）：19–37

[8] OECD.Performance Budgeting in OECD Countries [N].OECD Journal，2007：31–33

[9][美]威廉・N・邓恩. 公共政策分析导论 [M]. 北京：中国人民大学出版社，2011.

[10][美]尼古拉斯・亨利. 公共行政与公共事务 [M]. 北京：中国人民大学出版社，2017.：45–48.

[11] Robinson，M. Connecting Evaluation and Budgeting [OL]. World Bank/CLEAR Washington，http：//documents.worldbank.org/curated/en/2014/03/19603128/connecting–evaluation–budgeting.2013.

[12] Lancer Julnes，P. & Holzer，M.Promoting the utilization of performance measures in public organizations：An empirical study of factors affecting the adoption and implementation [J]. Public Administration Review，2001（6）：693–708.

[13] Ronnie Downes，Delphine Moretti，Scherie Nicol.Budgeting and performance in the European Union：A review by the OECD in the context of EU budget focused on results [J]. OECD Journal on Budgeting，2017（1）.

[14] Behn，R. D. Designing PerformanceStat Or What Are the Key Strategic Choices that a Jurisdiction or Agency Must Make When Adapting the CompStat/CitiStat Class of

Performance Strategies ? [J].Public Performance & Management Review, 2008 (2): 206–235.

[15] Kaplan, R. S. and D. P. Norton. The Balanced Scorecard: Translating Strategy into Action [M]. Cambridge, MA: Harvard University Press, 1996.

[16] Kaplan, R. S. and D. P. Norton .The Strategy focused Organization: How Balanced Scorecard Companies Thrive in the New Business Environment [M]. Cambridge, MA: Harvard University Press, 2001.

[17] Simons, R., A. D ά vila, R. S. Kaplan Performance Measurement and Control Systems for Implementing Strategy [M]. Cambridge, MA: Harvard University Press, 1999.

[18] Smith, P. C. and A. Street .Measuring the Efficiency of Public Services: the Limits of Analysis [J]. Journal of the Royal Statistical Society: Series A (Statistics in Society), 2005 (2): 401 - 417.

[19] Stoner, J. A. F., Freeman, R. E., & Gilbert, D. R.. Management. 5th ed. New Jersey[J]. Prentice Hall, 1992.

[20] Rouse, P. and M. Putterill .An Integral Framework for Performance Measurement [J]. Management Decision, 2003 (8): 791–805.

[21] Reichmann, G. and M. Sommersguter–Reichmann .Efficiency Measures and Productivity Indexes in the Context of University Library Benchmarking [J].Applied Economics, 2007 (1): 1–13.

[22] Joyce, Philip G. Linking Performance and Budgeting: Opportunities in the Federal Budget Process [M].Washington, DC: IBM Center for the Business of Government, 2003.

[23] Joyce, Philip G., and Susan Tompkins. Using Performance Information for Budgeting: Clarifying Terms and Investigating Recent State Experience. In Meeting the Challenges of Performance–Oriented Government [J].Kathryn E. Newcomer, Edward T., 2002.

[24] Organisation for Economic Co–operation and Development (OECD). Performance Budgeting in OECD Countries. Paris: OECD.2008. Sequencing and Pacing of Performance Budgeting Reforms: Summary of the 5th Annual Meeting of the SBO Network on Performance and Results [M]. Paris: OECD, 2007.

[25] Donald P. Moynihan Source.What Do We Talk about When We Talk about Performance ? Dialogue Theory and Performance Budgeting [J].Journal of Public Administration Research and Theory: J–PART, 2006 (4): 151–168

[26] Maarten de Jong, Alfred Tatkei Ho.Unmet Expectations and Unexplored Possibilities of Performance Budgeting–A synthesis from experiences from high income countries [N].2019 International Symposium on Performance–based Budget Management, 2019 (12).

[27] L. R. Jones .PERFORMANCE BUDGETING IN THE U.S. FEDERAL GOVERNMENT: HISTORY, STATUS AND FUTURE IMPLICATIONS [J].OECD Journal on Budgeting, 2015.

[28] Nowook Park and Joung–Jin Jang.Performance budgeting in Korea: Overview and assessment [J]. OECD Journal on Budgeting, 2014 (3).

[29] Park, N. and J. Choi.Making Performance Budgeting Reform Work: A Case Study of Korea [J].World Bank Policy Research Working Paper 6353, World Bank, Washington, DC., 2013

[30] Park, N. Does More Information Improve Budget Allocation ? Evidence from Performance–based Budgeting in Korea [J].Working Paper presented at the Annual Congress of the International Institute of Public Finance, Dresden, Germany, 2012.

[31] Ronnie Downes, Delphine Moretti and Scherie Nicol.Budgeting and performance in the European Union: A review by the OECD in the context of EU budget focused on results [J].OECD Journal on Budgeting, 2017 (1).

[32] Robert Martin McNab, Jorge Martinez–Vazquez, L.F. Jameson Boex.Multi–Year Budgeting: A Review of International Practices and Lessons for Developing and Transitional Economies [J].Public Budgeting & Finance, 2000 (10): 2.

[33] Salvatore Schiavo–Campo and Daniel Tommasi.Managing government expenditure [M]. Manila: Asian Development Bank, 1999.

[34] Premchand, A. Public Expenditure Management [M].Washington, DC: International Monetary Fund, 1993.

[35] IMF.International Monetary Fund (IMF) [M].Manual on Fiscal Transparency (Washington), 2001.

[36] OECD.Budgeting for Results Perspective on Public Expenditure Management [M].Paris: OECD, 1995.

[37] Jon Blondal. See Overview of Accrual Accounting and Budgeting Practices – Results of the OECD Survey [OL].OECD Secretariat, 13th Annual OECD Public Sector Accruals Symposium, 2013.

[38] Petrei, H.. Budget and control. Reforming the public sector in Latin America [J]. Washington, DC: Inter–American Development Bank, 1998.

[39] World Bank. World Development Report [J]. World Bank: Washington, DC, 2004.

[40] World Bank .Beyond the Annual Budget: Global Experience with Medium–Term Expenditure Frameworks [J]. The World Bank, Washington, DC, 2013.

[41] Schick, Allen. The Road to PPB: The Stages of Budget Reform. [J].Public Administration Review, 19964): 243 – 58.

[42] Doreen T. Crisostomo.Performanced–based Budgeting [J]. JOURNAL OF

GOVERNMENT FINANCIAL MANAGEMENT，2015：40–46.

[43] Anwar Shan.Budgeting And Budgetary institution[M].The World BankWashington，D.C，2007.

[44] Oman Rusmana，and Nunuy Nur Afian.The impact of the Implementation of Medium–Term Expenditure Framework，Unified Budget [J].Performance Budgeting on the Implementation of Budget and Principes of Good Local Government and the Implication on Financial Performance：28–32.

[45] Yimer M. Medium term expenditure and budgetary practices in Ethiopia [J].International Journal of Economic and Business Management，2015（4）：23–38

[46] Alta Folsher .succinctly applies the tenets and methods of new public management to budgeting in "Budget Methods and Practices," in Anwar Shad（ed.）[J].Budgeting and Budgetary Institutions，2007：27.

[47] 吴永立. 绩效预算管理的国际比较及对我国的启示与借鉴 [J]. 会计之友，2012（32）：11–14.

[48] 马国贤. 政府预算 [M]. 上海：上海财经大学出版社，2007.

[49] 肖鹏. 美国政府预算制度 [M]. 北京：经济科学出版社，2014.

[50] 王淑杰. 澳大利亚政府预算制度 [M]. 北京：经济科学出版社，2014.

[51] 唐韵. 新西兰政府绩效管理系统发展概述 [J]. 企业科技与发展，2015（04）：78–82.

[52] 史洋，陈习定，张亮，周志波. 中国绩效预算改革研究——基于 OECD 国家的经验 [J]. 宏观经济研究，2018（06）：5–11.

[53] 陆庆平. 公共财政支出的绩效管理 [J]. 财政研究，2003（04）：18–20.

[54] 杜兴洋，田进. 公共教育支出绩效评价的研究现状 [J]. 财政研究，2007（01）：37–39.

[55] 赵学群. 关于财政支出绩效评价和管理制度的思考 [J]. 现代经济探讨，2010（12）：42–45.

[56] 白景明. 广东南海模式与建立中国式绩效预算 [M]. 北京：中国财政经济出版社，2010.

[57] 吴素芳. 北京：全面预算绩效管理新模式 [J]. 新理财（政府理财），2019（07）：39–41.

[58] 罗建钢. 财政支出效益：一个评价框架 [J]. 财政研究，2003（03）：2–5.

[59] 李社宁，张哲，李喜宁. 全过程视域下精准扶贫绩效评价体系构建 [J]. 地方财政研究，2019（08）：20–26.

[60] 闫坤，刘陈杰. 中国财政政策顺周期行为：财政分权与预算软约束 [J]. 经济学动态，2015（08）：64–70.

[61] 李春根，徐乐. 预算绩效评价结果应用的现状与优化 [J]. 中国行政管理，2019

（10）：154–155.
［62］李燕，王宇龙. 论绩效预算在我国实施的制度约束［J］. 中央财经大学学报，2005（06）：11–14.
［63］王雍君. 从权责财务报告到预算透明度［J］. 中国财政，2014（08）：24–25.
［64］苟燕楠，李金城. 当代中国预算绩效管理：理论发展与实践探索［J］. 求索，2019（04）：174–181.
［65］郑春荣. 中期财政预算探析［J］. 经济研究导刊，2008（02）：29–30.
［66］王雍君. 中国的预算改革：引入中期预算框架的策略与要点［J］. 中央财经大学学报，2008（09）：1–5.
［67］王雍君. 中国的预算改革：评述与展望［J］. 经济社会体制比较，2008（01）：38–46.
［68］姚绍学，李小捧. 地方政府制定中长期财政预算的构想［J］. 财政研究，2004（08）：40–42.
［69］郑春荣. 中期财政预算探析［J］. 经济研究导刊，2008（02）：29–30.
［70］李红霞，刘天琦. 建立我国跨年度预算平衡机制的深层次思考［J］. 当代财经，2016（09）：24–31.
［71］王泽彩. 健全预算绩效管理制度体系的十个关键点［J］. 新理财（政府理财），2019（07）：31–34.
［72］Oman Rusmana，Nunuy Nurafian.The imapct of budegting approaches on the budegting implementation and local govermance［J］.Research paper，2014.
［73］World Bank.Current issue in Fiscal reform in central Europe & the Baltic States 2008：Performance–based budgeting and Medium–Term Expenditure Frameworks in Emerging Europe，2009.

图书在版编目（CIP）数据

中期预算框架下预算绩效管理改革研究 / 刘天琦著. -- 北京：经济日报出版社，2020. 9
ISBN 978-7-5196-0713-5

Ⅰ. ①中… Ⅱ. ①刘… Ⅲ. ①财政预算-经济绩效-财政管理-改革-研究 Ⅳ. ①F810. 3

中国版本图书馆 CIP 数据核字（2020）第 172595 号

中期预算框架下预算绩效管理改革研究

作　　者	刘天琦
责任编辑	高　远
校　　对	温　海
出版发行	经济日报出版社
地　　址	北京市西城区白纸坊东街 2 号 A 座综合楼 710（邮政编码：100054）
电　　话	010-63567684（总编室） 010-63584556（财经编辑部） 010-63567687（企业与企业家史编辑部） 010-63567683（经济与管理学术编辑部） 010-63538621　63567692（发行部）
网　　址	www. edpbook. com. cn
E - mail	edpbook@ sina. com
经　　销	全国新华书店
印　　刷	北京九州迅驰传媒文化有限公司
开　　本	710×1000 毫米　1/16
印　　张	9
字　　数	130 千字
版　　次	2020 年 9 月第一版
印　　次	2020 年 9 月第一次印刷
书　　号	ISBN 978-7-5196-0713-5
定　　价	42. 00 元